メイクとヘアの印象学

メイクの「見かた」「捉えかた」を解き明かす

著・森川丈二 ＋ 重見幸江（gem）

Contents

- 005　INTRODUCTION　はじめに

- 006　*Chapter.1*
  ## メイクとヘアの設計図を描く
  グラマラス／キュート／クール／ピュア

- 016　*Chapter.2*
  ## 「メイクによる印象操作」を知る
  - 018　no.01　アイラインによる印象変化
  - 024　no.02　目のボリューム感と眉の関係
  - 030　no.03　肌の質感による印象変化
  - 036　no.04　目元と口元の関係
  - 042　no.05　チークによる印象変化
  - 048　no.06　眉と口元の関係
  - 054　no.07　ブラウンの印象違い
  - 060　no.08　目元の立体感とスケール感
  - 066　no.09　キュート顔の印象変化
  - 072　no.10　シャープ顔の印象変化
  - 078　no.11　色の組み合わせバランス
  - 084　no.12　春夏秋冬を意識したメイク
  - 092　印象操作のポイント

- 098　*Chapter.3*
  ## 「メイクとヘアのマッチング」を考える
  - 100　バングとアイメイクの関係
  - 104　マニッシュなショートとメイクの関係
  - 106　バングレスなボブとメイクの関係
  - 108　センターパートのロングとメイクの関係

- 110　*Chapter.4*
  ## 「ヘアとメイクのイメージ操作」を考える
  - 112　イメージキーワード／キュート
  - 114　イメージキーワード／グラマラス
  - 116　イメージキーワード／ピュア
  - 118　イメージキーワード／クール

- 120　MESSAGE　おわりに

Introduction
はじめに

同じモデルでも、ヘア&メイクの違いで大人っぽく見えたり、逆にあどけない印象になったりすることがあります。ではこの違いは、何を操作することで作り出せるのでしょうか？
この本は、メイクの技術本ではありません。ここでは「アイラインをこう入れると、なぜ目が丸くかわいらしく見えるのか？」「この眉とリップの組み合わせは、なぜクールでシャープな雰囲気になるのか？」等を分析し、メイクとヘアによる印象の違いを解説していきます。多数の異なるメイクを比較して見ていくことで、どんな違いがどんな印象差を作っていくのかを理解し、自分のイメージ通りのメイクを設計できるようになるための本なのです。
サロンメニュー以外でも作品撮りやフォトコン、ホームページ制作など、美容師にとってメイク技術が必要となる場面は、今後ますます増えていくでしょう。またメイクを理解することで、ヘアに対する感性はさらに鋭くなっていくでしょう。
しかしメイクはテクニックだけ覚えても、自分の思い通りの女性像を作り出せるとは限りません。美容のプロフェッショナルとして、様々な素材を様々なイメージで表現していくには、印象をコントロールできる力が必要です。技術的にはほんの少しかもしれない、そのわずかな違いに「気づける」「意味が分かる」目を持つことがとても重要なのです。その目を持つことで、メイクとヘアの表現力が大きく飛躍していきます。私たちはこの本が、その力を養なう手助けになることを願っています。

森川丈二　重見幸江（gem）

Chapter. 1

メイクとヘアの設計図を描く

撮影前にみなさんは、どんなヘア＆メイクにしたいかをイメージし、素材を集めたり、資料をインプットしたりしながら準備を進めますよね。ここでは今回の撮影で、私たち2人が頭の中で考えていたことを視覚化した「設計図」をご紹介します。ひとつのヘア＆メイク作品ができあがるまでに、どんな思考経路を辿っていったのかを見て欲しいと思います。

着目して欲しいのは、途中過程で最初のイメージから少しずつ変更させつつ進んでいるという点。初めはヘアかメイクのどちらかだけの発想だったり、複数案だったりします。また当日のモデルの状態やライティング、衣装によっても変更を加えています。実は最初から固め過ぎず、進めていく中で小さな変更を加えながら、最終的にベストな方向に向かうようにしているのです。

表現したいことを整理し明確にするために、シミュレーションしておくことはとても大切です。しかしそれはあくまでも「設計図」であり、「完成図」ではありません。撮影は「生き物」のようなもの。モデルの状態や光、温度、湿度など条件は毎回、異なります。その小さな違いに気づき、さらに良いものに向けてフレキシブルに対応できる視点が必要なのです。

この本で紹介する様々な印象操作も、一つの目安に過ぎません。メイクやヘアに「違い」はあっても「間違い」というものはないからです。けれど「違い」に気づき、対応できるスキルを持てれば、より自由で柔軟な設計図を描けるようになると思っています。

Image Keyword
GLAMOROUS

Image Keyword
CUTE

Chapter.1 | メイクとヘアの設計図を描く　009

Inside Head *for* Hair&Make-up

Image Keyword
GLAMOROUS

〈グラマラス〉を
どう発想していくか

「グラマラス」のイメージはボリューム・深み・リッチ・ツヤ感・ウエーブ・立体感・重さ・ライン etc.

STEP **2**

Hair Style
ヘアは質感ミックスの「タイト & ボリューム」でいきたい!

ボリュームのあるウエーブではヘアが主張し過ぎるので、タイトな部分を組み合わせて、メリハリのある質感ミックスに。前面をタイトにすることで顔(メイク)の存在感が増す。

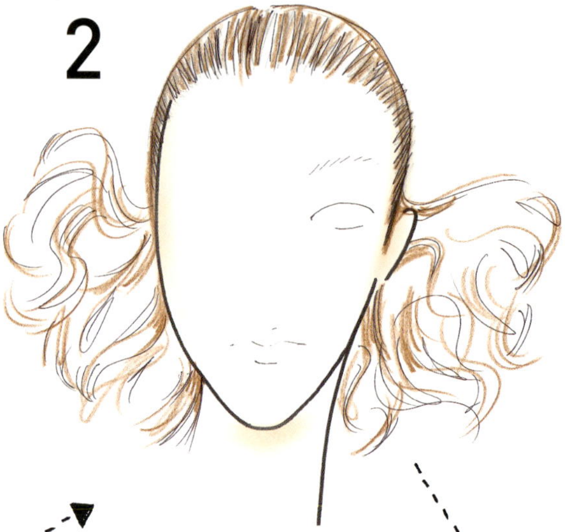

STEP **1** *Make-up*
グラマラスメイクは目元がポイント!

「深みのある目元」でグラマラスに。でも色温度は低めにしたい。

目元を際立たせるために、眉や口元は抑えよう。眉を主張させず、口元はベージュ系に。

チークは少し華やかにしてバランスを取ろう。冷たくなり過ぎるのはNG…

STEP **3** *Shooting Day*
衣裳は鎖骨が空いたコスチュームに決定!

アクセサリー使いがポイントです!

モノトーンのコスチュームなので、撮影も白バックか黒バックで撮影をしたい!

今回のモデルはおでこが丸くかわいらしいタイプ。モデルの全身のバランス、顔の特徴に合わせてヘアのボリュームを位置を高いに変更!

Finish!

「セクシー」や「エレガンス」に「強さ」をプラスしたい「グラマラス」は、色温度の低いリッチ感のあるメイクで表現。立体的なメリハリで、メイクを引き立たせる。

Inside Head *for* Hair&Make-up

Image Keyword
CUTE

〈キュート〉を
どう発想していくか

「キュート」のイメージは、パステル・高彩度・元気・クリア・はっきり・丸い・曲線・お人形 etc.

STEP **1** *1st Idea*

「色を使ったダブルライン」のアイメイクをポイントに。

真っ先に浮かんだのは、アクセント的に色でダブルラインを作ったアイメイク。色はピンクとグリーンの2色が候補。グラフィカルなメイクなのでヘアはシンプルにするか、お人形のようなショートバングにするかを検討。

PINK　GREEN

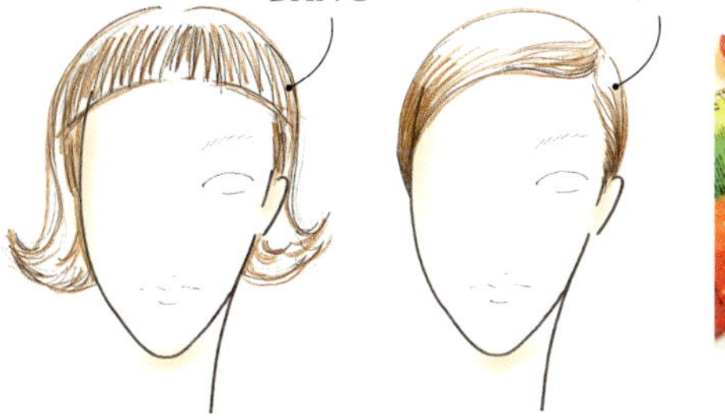

BANG　TIGHT

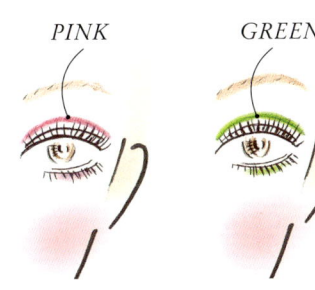

> メイクを際立たせるために、モノトーンの衣裳はどうでしょうか？

事前衣裳打ち合わせ。女性像やメイクのプランを伝え、当日の衣裳提案を待つ。

STEP **2** *Shooting Day*

モノトーンのコスチュームでキュートを表現！

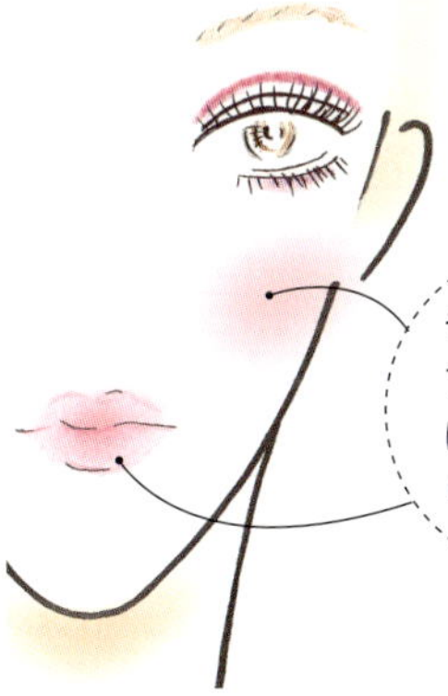

> チークとリップもピンクではかわいくなりすぎる…。

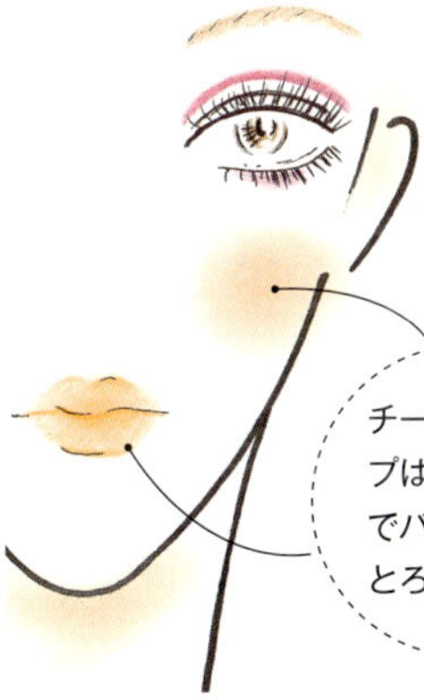

STEP **3** *Hait Style*

ヘアスタイルは〈タイト〉でいこう

衣装のつけ襟がピエロカラーのような形でボリュームがあったので、タイトなヘアを選択。甘いだけではないバランスに持っていく。

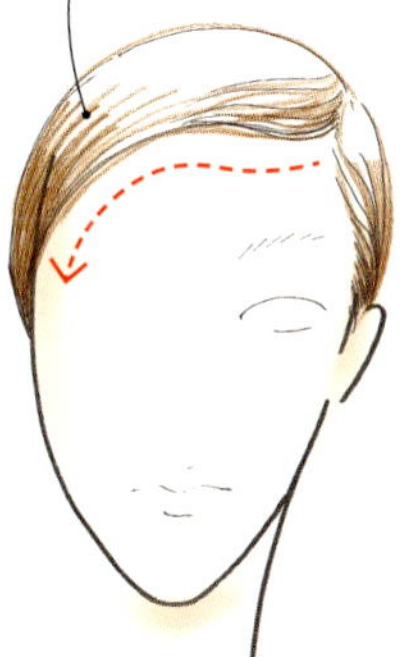

> 前髪のおでこへのかかり具合は、動かしながら微調整する。

STEP **4** *Make-up*

アイメイクは〈ピンク〉で決定！

衣装がモノトーンなら、メイクはピンクのほうがよりかわいいと判断。チークとリップもくすみのない色を。ただし色相は少しずらしてオレンジ系を選び、甘くなり過ぎないようにコントロール。

> チークとリップはオレンジでバランスをとろう！

Finish!

多色使いのキュートでグラフィカルなメイクが主役。モノトーンの衣装とタイトでシンプルなヘアが、メイクのかわいらしさをより際立たせる。

Image Keyword
COOL

Image Keyword
PURE

Chapter. 1 | メイクとヘアの設計図を描く　013

Inside Head *for* Hair&Make-up

Image Keyword
COOL

〈クール〉を
どう発想していくか

「クール」のイメージは直線・縦長・強さ・ダーク・エッジ・アシンメトリー・タイト・斜め・冷たい色 etc.

クールな印象は、まず眉で作る。

STEP **1**

1st Idea
「太く直線的な眉」をメイクのポイントに

クールにはしたいが、きつくはしたくない！ 眉とのバランスを考えて、水平か下降気味の目元を組み合わせるとよい。

合わせる口元は、マットベージュで色調を統一。

STEP **2**

Hair Style
ヘアは縦長でオフ・ザ・フェイス

リーゼント風の上昇ラインを描くトップと、ストレートダウンを組み合わせたスタイル。クール感を演出する、縦長でタイトなフォルムを選択する。

Shooting Day
衣裳はモノトーンで縦長感のあるジレとパンツ

「引き」の構図にしたので、風を使ってヘアの動きをプラス。

Finish!

直線的な眉がクールさを演出。衣装もヘアも縦長なので、クール過ぎて「怖い」印象にならないように、水平の目元や、血色感のあるチークでバランスを取る。

Make-up
チークはオレンジ系で血色感をプラス

色温度が低過ぎると冷たい印象になるで、チークはやや温かみのある色に。下まぶたの目尻の「受け」をどうするかを最終調整。

STEP **3**

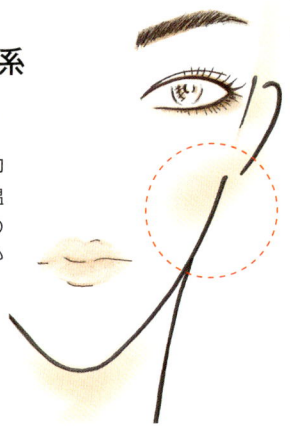

Inside Head *for* Hair&Make-up

Image Keyword
PURE

〈ピュア〉を
どう発想していくか

「ピュア」のイメージは無垢・透明・瑞々しさ・血色感・柔らかさ・素肌感・ドライ・ソフトな輪郭 etc.

STEP 1   *1st Idea*
自然な毛流れの柔らかなまとめ髪を選択

「ピュア」をイメージさせるのは、自然な毛流れのヘア。しかしダウンスタイルではヘアの見え方が重くなるので、無造作で柔らかい質感のまとめ髪に。

柔らかな風を感じる後れ毛をポイントにしたい。

STEP 2   *Hair Style*
モデルの状態を見て、バングありに変更

Shooting Day
衣裳も背景も〈白〉に決定！

撮影当日、モデルにバングが作られていたので、予定を変更。透け感バングとルーズな三つ編みのスタイルに変えた。

STEP 3   *Make-up*
瑞々しく柔かなメイクに

眉はクリアマスカラ

下まぶたに白のインサイドラインを入れ、透明感を出す

チークは練りタイプのピンクで

髪はバックにたらすことに変更。衣装もバックも白なので、髪が前に出過ぎると重く感じると判断。

Finish!

ピュアをイメージした自然で柔らかなヘアに合わせて、メイクも瑞々しく柔らかに。最後にライティングを見ながら、後れ毛のバランスを調整していく。

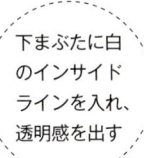

バングがあるので、口元だけグロッシーなピンクに。

Chapter.2

「メイクによる印象操作」を知る

「目を大きく見せるアイメイク」や「肌をきれいに見せるパウダー使い」などは、メイクをする誰もが知りたい、マスターしたいと思っていること。でも美容のプロフェッショナルである私たちには「素材をよりきれいに見せるためのテク」「欠点を隠すためのメイク」だけに留まらない、もっと掘り下げたスキルも必要です。
その1つが「メイクの何の違いによって、どんな印象の違いが生まれるのか」を知り、メイクによる印象操作を可能にすること。メイク初心者のころはイメージに向かってあれこれ足すことばかり考えがちですが、時代的に「抜け感」が大切な今、トゥーマッチになりやすいのも事実。でも差を生むポイントがどこであるかが分かれば、最小限のミニマムなメイクでも思い描くイメージを表現できるようになります。例えば表現したいイメージよりも少しかわいい雰囲気だったモデルを、よりシャープな印象に近づけることも可能です。
色、質感、形、ラインや温度…メイクにおけるどの要素がどう組み合わさることによって、この印象をもたらすのか？ どこを変えればどんな変化が生じるのか？ それらは本当にごくわずかな違いの中に隠されている場合があります。これを分析し、読み解く力を養うことで、より繊細で幅広いメイク表現ができるようになるはずです。

no. 01

EYELINE

アイラインによる
印象変化

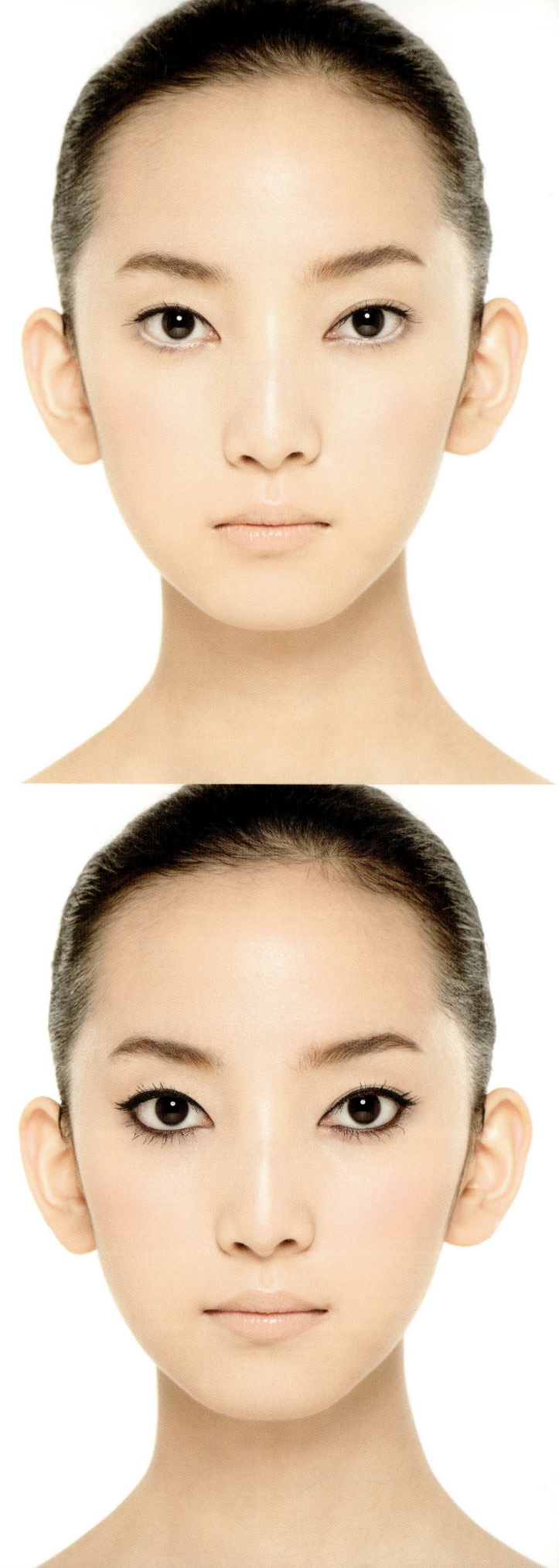

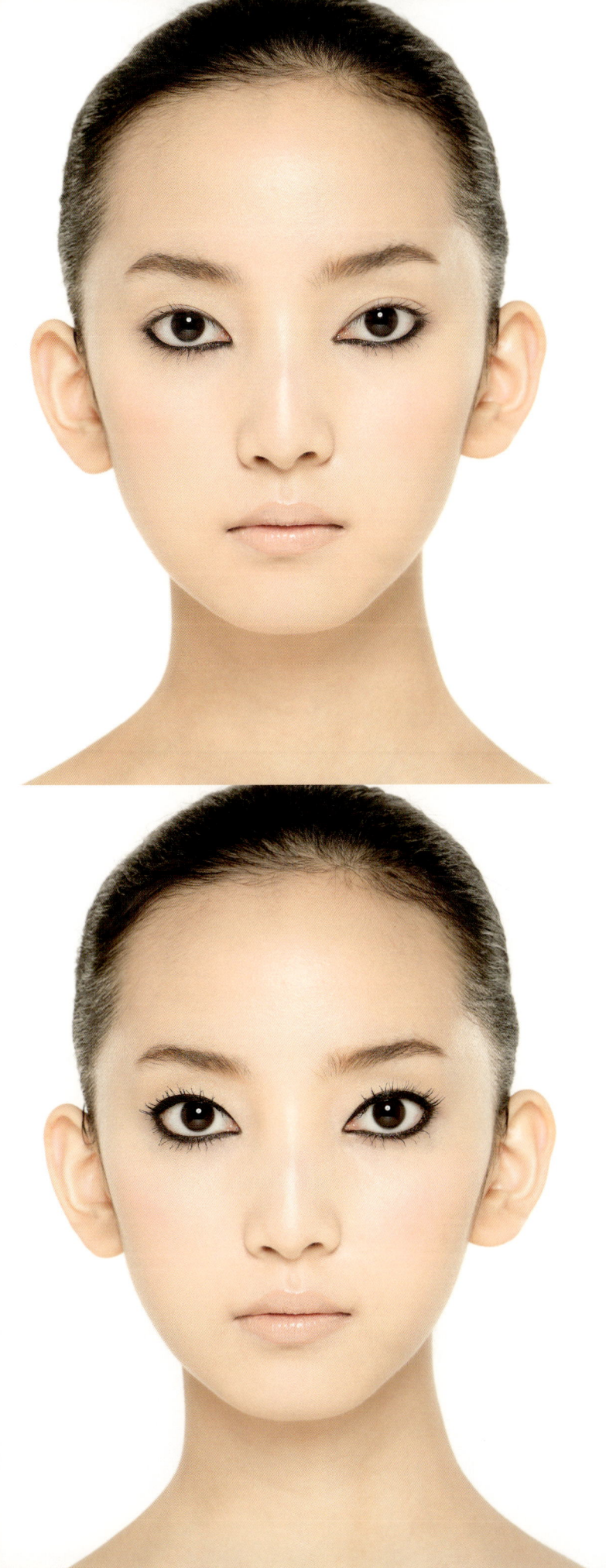

Question

アイラインの入れ方で目の印象はどう変わる?

メイクアップの中でも、まず最初に視線が行くのが目ではないでしょうか? 目は印象を左右する、もっとも重要なパーツです。ここで比較している4つのメイクは「アイライン」を変えているだけで、他はすべて同じ。アイラインの入れ方を変えることで、印象はどのように変化するのか。それはなぜなのかを見ていきましょう。まつ毛の際に入れるか、インサイドに入れるか。目全体を囲むか、空きをつくるか、上下どちらかのみにするか。細く入れるか、太く入れるか。黒にするか、その他の色にするか。そういった違いで、目の位置や大きさの印象はずいぶん変わります。目を「盛る」ことだけで目力を操作しようと思わず、小さな違いでも印象が変わることを理解しましょう。それが「抜け感」や「今っぽさ」のあるメイクに繋がります。

— 01. EYELINE —

Pure
透明感・凛とした

Mysterious
神秘的・退廃的

A 上・黒インサイド
下・白インサイド

B 上・なし
下・黒ライン

ミニマムなライン効果でイメージを明確にするため、上は、まつ毛の際を黒のアイラインで埋めるように隠しラインを入れています。下は、マットの白をインサイドに入れることで、白眼がクリアになり、透明感や凛とした強さが生まれます。Cのようなくっきりとラインを入れた強さではなく、目元がはっきりとしながらも、白のインサイドラインの効果で目がふわっと大きく見えます。クリアな透明感や抜け感を出したいときに効果的です。柔らかさが出るパール感の白ではなく、より強さが出やすいマットな白を選びました。

HOW TO 上まぶたは、黒のジェルライナーを用いて、まつげの際を埋めるように描く。下まぶたはマットな白のペンシルライナーで、インサイドラインを入れる。目のフレームを強調させるために、上まつ毛の根元にだけ黒マスカラを使用し、下まつげにはつけない。

下にだけ、黒のアイラインを入れています。目元の印象が下がり、横に広がりつつも、ぐっと内側に引き込むような意志の強さが感じられ、ミステリアスな表情、退廃的なイメージにもなります。ただし下に比重がくるので、目が据わっているように見えてしまい、人によっては怖い印象になる可能性もあります。ラインをグレイにすると、印象を柔らかくすることができます。また、目の形、フレームが強調されるので、ラインの太さや角度を調整することで、補正する効果もあります。

HOW TO 漆黒のペンシルで、下まぶたのフレームに沿ってアイラインを入れる（少し印象を和らげたければ、ソフトな黒やグレイを使用する）。目尻が下がっていればラインを細くするなど、水平ラインを意識して補正するといい。下まつ毛にのみ、全体に黒マスカラをつけてラインを強調。

— 01. EYELINE —

Noble
気品がある・知的

Strong
強さ・ドラマティック

C 上・黒ライン
　　下・茶ライン

D 上下、黒ライン囲み

上は黒のアイラインでメリハリを出し、下は茶のアイラインで柔らかさを出すことで、濃いものの下に自然に影ができるようなナチュラルな印象になります。イメージを強調せず、その人を美しく見せる、基本的で標準的なアーモンドアイのつくり方です。Dの黒囲みよりも収縮が弱まり、はっきりしながら広がりが出て、気品のある印象といえます。茶は、赤味がかったブロンズに近い色を使用。黄味がかった茶色だとよりソフトになります。また、上下とも、茶色のラインにすると、さらに柔らかく見せることができます。

HOW TO 上は、全体の形を黒のジェルライナーで描いた後、リキッドライナーで目尻を足し、上昇する広がりを出した。もともとの目の形を見ながら、目尻でバランスをコントロールする。下は、茶のペンシルを使用。マスカラは上下とも黒。目尻側によりしっかりとつけている。

上下とも、目のフレームに沿って黒のアイラインを入れています。目のフレームを囲むと、視線をぐっと引き込む力が生まれるので、ドラマティックで強い印象になります。4つのアイラインの描き方の中で、最も目の形が強調されるラインです。一般的に囲みラインは目を大きく見せると思われがちですが、実は目が収縮して小さく見える場合もあります。ポイントは目頭まできっちりとラインで囲まないこと。そうすれば、小さく見せることなく意志の強さが表現できます。

HOW TO 上下とも、黒のジェルライナーで目の際を描いた後、その上から黒ペンシルで重ねてラインを描き、より黒を強調している。ラインは粘膜にも入れることが大切。マスカラは黒で、上下のまつ毛全体にたっぷりと。

Chapter. 2 | 「メイクによる印象操作」を知る

— 01. EYELINE —

ドライなヘアの柔らかさと空気感が、メイクにフィット

P22〜23は、どちらもあえて似たシルエットのスタイルにしています。こちらはP20のAのピュアなイメージに同調させ、ドライで柔らかく、曲線的な質感にしました。耳下にもフワッとなびく後れ毛を出したことがポイント。これがふんわりとした空気感を生み出し、全体のニュアンスを軽く、透明感のあるものにしています。

MAKE-UP → A

make-up *hair*
Pure ✕ Dry Texture

— 01. EYELINE —

ウエットヘアの曲線とツヤ感で強さを強調

P21のDのストロングなメイクに合わせ、こちらはウエットなツヤ感で、線の強さや重さを感じさせるヘアを合わせました。耳下の毛は出さないことで縦長感が強調され、シャープさが増しています。P22と同じようなフォルム、構成なのに、だいぶ強さが違うと思いませんか？ ヘアもちょっとした質感のさじ加減で、印象が大きく変わります。

MAKE-UP → D

make-up **Strong** ✕ *hair* **Wet Texture**

Chapter. 2 ｜「メイクによる印象操作」を知る　023

no. 02

EYE MAKE-UP

目のボリューム感と
眉の関係

Question

目のボリューム感に対して眉をどうつくる?

アイシャドーやアイラインの入れ方などで目元のボリューム感＝存在感（大きさ、明るさ、強さ、方向性）は変化します。ここでは目元のボリューム感に対してどのようなバランスの眉を組み合わせると、イメージがどう変化するのかを見ていきましょう。

アイメイクには「目が持つ力」と「眉が持つ力」の双方が働きます。この2つの力関係をコントロールすることで目の印象だけでなく、大きさや形、位置なども違って見せることができます。目や眉のどこにどんなラインや影をつけることで、目線の行く方向（引っ張られる方向）や空間がどう変化するのかを観察してください。そこにイメージをつくり分けるヒントがあります。

Chapter. 2 | 「メイクによる印象操作」を知る

— 02. EYE MAKE-UP —

Innocent
純真・無垢

A 眉・描き足す程度
目・上下にハイライト

目がぱっちりとフラットに見えて、明るくピュアな印象。上まぶた全体と下まぶたにハイライトを入れることで、目周りがフワッと明るく、広がりが出てきます。下まぶたのライン的なハイライトは、レフ板効果を発揮。ハイライトは青味がかった色なら透明感が出て、黄味がかった色なら優しい印象になります。マスカラは黒のボリュームタイプを上下にたっぷりとつけて、立体感をプラス。この目には、ブラシで毛流を整え足りない部分を足す程度の、短めでナチュラルな眉を合わせることで、よりイノセントな雰囲気となります。

HOW TO シアーな光沢感のあるハイライトは、明るいベージュのアイシャドーを使用。上下をかこみ、下まぶたにはライン的に入れる。まつ毛はビューラーでしっかり上げてから黒マスカラを上下にたっぷりと。眉はペンシルで足す程度。髪色が明るい場合は黒眉だと強すぎるので、明るいブラウンの眉マスカラで印象を少し弱める。

Feminine
女性的・優しい

B 眉・ソフトで短め
目・上はグラデーション、下はハイライト

この4点の中ではもっともスタンダードで、且つ女性的な印象を与えるアイメイクです。上まぶたの目の際からブラウン系のアイシャドーを、二重幅に沿わせながらグラデーションをつけてぼかし、目に自然な深みを出しました。下まぶたには、ハイライトをライン的に入れています。ハイライトのみにすることで抜け感が出て、フレッシュな印象に。この目にはAと同様、やや整える程度の短めでナチュラルな眉を組み合わせると、より若々しさが出せます。明るめのパウダーで整える程度にすると、重くなりすぎません。

HOW TO 上まぶたはナチュラルブラウンのアイシャドー（ブラック系ならより強い印象に）。グラデーションで陰影をつけて立体感を出す。目を開けた状態での二重幅ぐらいに引き締め色を入れると、自然なグラデーションがつく。下まぶたには入れないことが抜け感を出すコツ。マスカラはAと同様、たっぷりと。眉は明るめのパウダーアイブロウで整える。

— 02. EYE MAKE-UP —

Glamorous
魅惑的・あでやか

Mannish
男性的・きりっとした

C 眉・軽く整える
目・黒グラデーション囲み

強いインパクトがある目元です。しかしP21のD「囲みライン」に比べると、ダイナミックな強さを感じます。ラインのみの囲みはシャープで静的な印象でしたが、こちらはアイシャドーのグラデーションで囲んでいるため広がりと躍動感があり、女性らしい強さとなっています。目のボリューム感が増したので、眉はAとBよりやや強さが必要です。目尻のシャドーで目幅が広がっているのに合わせて、眉尻の長さを少し足してバランスを取ります。

HOW TO 黒ペンシルで目を囲むようにラインを描いてから、パール感のある黒かダークブラウンのアイシャドーでぼかしていく。目が強いので、眉は明るめの色で眉尻に長さを足し、パウダーで毛流を整えるように描く。黒マスカラは上下ともにしっかりとつけ、深みをプラスする。

D 眉・太く濃く
目・上はハイライト、下は黒ライン

少年っぽいキリっとした印象を与えるアイメイクです。下まぶたのみペンシルでラインを入れた後、ダークブラウンのアイシャドーで影をつけました。上まぶたはハイライトのみ、マスカラは下まつ毛のみなので、視線が下まぶたに集中し、男性的な強さを感じさせます。目元のウエイトが下がったため、眉はA〜Cよりも直線的でくっきりと描いています。目元と眉の直線効果で上昇と広がりが増し、よりすっきりとマニッシュな雰囲気になります。

HOW TO 下まぶたの際は黒のペンシルでラインを描き、ダークブラウンのアイシャドーで影をつける。上まぶたはパール感が無く、Aよりも肌なじみのいいベージュのハイライトを。眉はブラウンのペンシルとブラウンのパウダーを使用し、A〜Cよりも長めにくっきりと描く。マスカラは下まぶたのみ。上にはつけない。

× アイメイクアップ HAIR STYLE

マニッシュな目元に、あえて少しエレガントなヘアを合わせて

ロングのアレンジですが、アイメイクのイメージそのものに合わせるのではなく、あえて少し違った要素を持つヘアを組み合わせています。こちらはP27のDの男性的でシャープな目元に、ツヤのある面構成でエレガントさも感じるヘアスタイルを合わせました。質感は軽く柔らかにつくり、マニッシュなだけではない女性らしさも感じさせるようにしています。

MAKE-UP → **D**

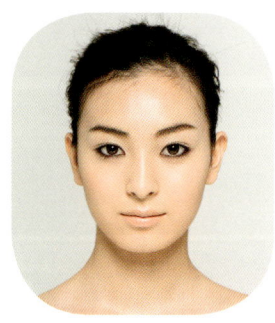

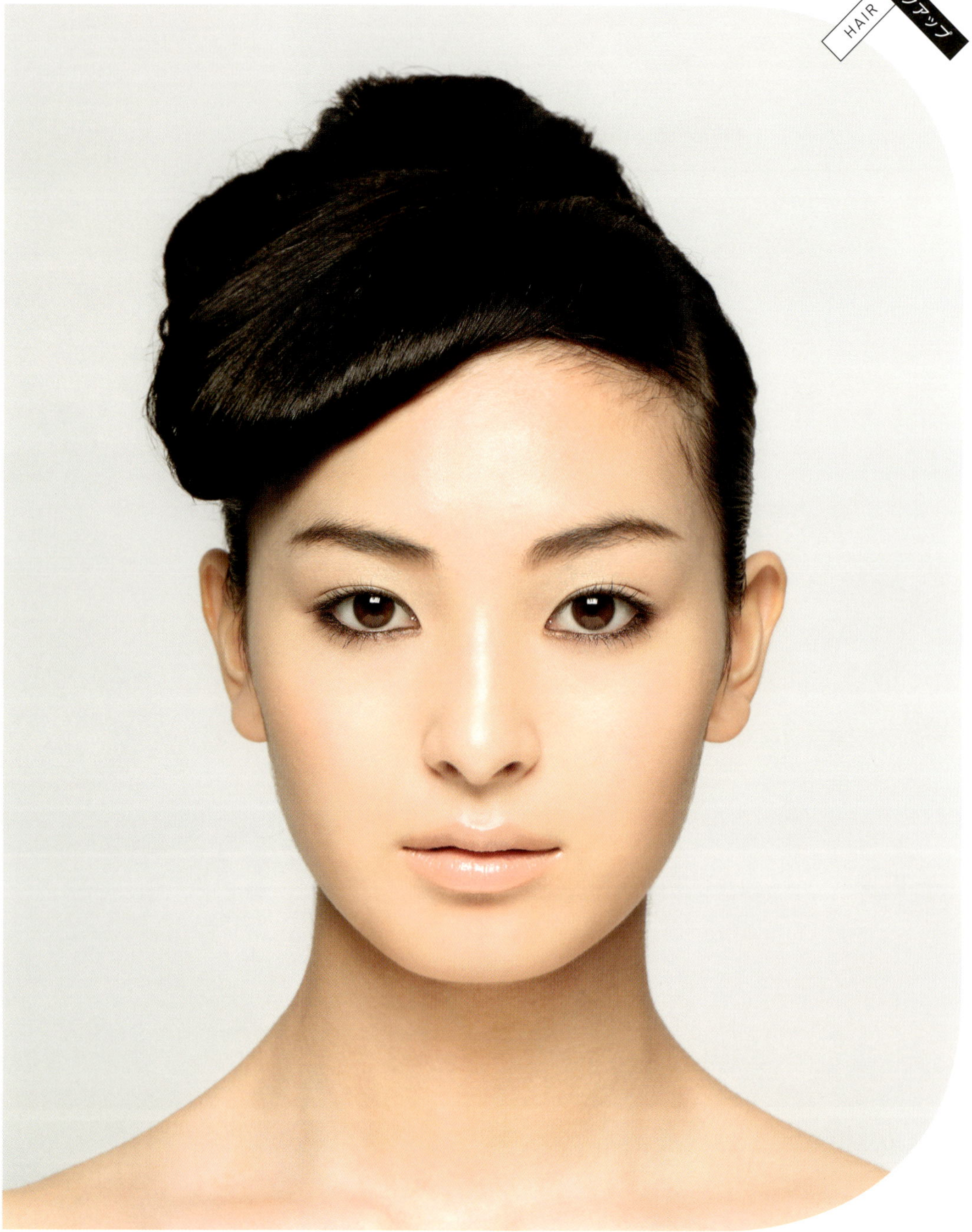

make-up **Mannish** × *hair* **Twist Bangs**

— 02. EYE MAKE-UP —

女性的なイメージの メイクに、ヘアで マニッシュな強さをプラス

P26のB「フェミニン」なアイメイクに対し、ややマニッシュなリーゼント風のアレンジを組み合わせました。メイクのイメージをダイレクトに表現するなら柔らかく女らしいヘアを合わせたりするところですが、あえて少しラフで男性っぽいヘアを合わせることで強さが加わり、やや少年っぽい雰囲気が生まれています。

MAKE-UP → B

make-up
Feminine ✕ Soft Regent
hair

Chapter. 2 | 「メイクによる印象操作」を知る 029

no. 03

SKIN TEXTURE

肌の質感による
印象変化

Question

求めるイメージに合わせて、肌の質感をどうつくり分ける?

ピュアでフレッシュ、グラマラスでゴージャス…肌の質感は求めるイメージによってそれぞれ異なります。ここでは肌の質感(テクスチャー)の違いで、印象がどう変わるのかを見ていきます。マットやシアー、パーリィなど単にツヤ感だけの差ではなく、立体感が変わることにも気づくはず。

また、肌に合わせてチークの質感を変えていることにも着目してください。この場合の肌とチークの相性はとても重要です。まずは自分の持っているファンデーションがどんな質感になるのかを、きちんと把握することが大切です。

この「肌の質感」操作は、撮影時のライティングとのマッチングで、写真全体の印象に影響を及ぼします。

— 03. SKIN TEXTURE —

Fresh
瑞々しい

Pearly
パール感

A 瑞々しく、素肌っぽい質感

B 立体感と光沢感のある質感

赤ちゃんの肌のように瑞々しく、素肌っぽい質感です。自然なツヤ感があり、ピュアでフレッシュな印象を与えます。ファンデーションは厚みを感じさせないように、極力、薄付きに仕上げることがポイント。色ムラがあるところのみを補正する感覚で使います。ベースに瑞々しい質感の下地を使うことも大切。チークは自然なツヤが出るクリームタイプで、薄く重ねながら自然な血色感を表現します。口元はリップクリームのみで適度なツヤと立体感を。眉もマスカラもクリアタイプで、ごく自然に。

HOW TO 透明感のあるリキッドファンデを使用。色ムラのある部分にのみ、平筆型のファンデーションブラシで薄くオンした後、スポンジでなじませる。チークはクリームタイプで彩度の高いレッド系を、頬骨の高い位置に薄く重ねて自然な血色感を出す。カバー力の高いファンデやコンシーラーは極力使わず、フェイスパウダーやチークもパウダータイプは控えることがポイント。

顔全体に光沢感があり反射する部分が多いため、パーツの立体感が際立ちます。大人っぽさ、グラマラスさを感じさせ、強さと存在感が出てきます。エッジを効かせたい、シャープさを出したいときなどに適しています。ツヤと透明感が出るファンデで、色ムラを最小限に補正する感覚で、顔の中心部から外側に向かって伸ばしていきます。合わせるチークはパール感のあるリキッドタイプ。ニュートラルなブラウンレッドで立体感を強調します。眉やマスカラもAより強めに。リップはややパール感のあるものをチョイス。

HOW TO リキッドファンデにパール入りフェイスカラーを混ぜ薄く伸ばした後、スティック状のパール入りフェイスカラーで、Tゾーン、まぶた、目の下、顎先に重ねづけすることがポイント。均一な強いパール感だけで仕上げると品がなくなり、立体感も薄れる。パール感を使い分ける事で上品なツヤ肌をつくることができる。チークは肌になじむ自然なブラウンレッドを。

— 03. SKIN TEXTURE —

Sheer Mat
透明感

C　透明感のある洗練肌

適度なマット感と透明感を併せ持ち、端正で洗練された印象。最もスタンダードな肌と言えます。この肌は、ファンデーションが厚塗りにならないベースを作っておくことが肝心。Aよりもう少しカバー力のあるファンデを使用し、シルクをまとったような肌に仕上げます。フェイスパウダーも粒子が細かいものを。チークは質感を損なわないようにパウダータイプのブラウンレッドで、自然な立体感と血色感を出します。眉とマスカラはBと同程度の強さですが、リップはマットでもツヤでもないシアーな質感に。

HOW TO　Aよりもややクリーミィで適度なカバー力のあるリキッドファンデをブラシに取って、中心部から外側に向かってなじませていく。フェイスパウダーはプレストタイプで粒子の細かいものを、大小のブラシで薄く丁寧になじませて透明感を出す。チークはシアーマットなパウダータイプを薄く重ねて、全体にシルクのベールをかけたような質感に。

Foggy
霞がかった

D　ふんわりと
　　霞がかったようなマット肌

フワッと霞がかったようなマットな質感。光の反射が少ないのでフラットな印象です。優しくスイートな雰囲気で、甘さを出したいときなどに適します。例えば「硬いライティングでも、ふんわりさせたい」という時にも有効。粉っぽく厚塗りにならないように、透明感のあるリキッドファンデを伸ばした後、大きなブラシでルースパウダーをフワッと重ねます。チークはパウダータイプの、やや白っぽいペール色でよりフォギーに。下まぶたに白のインサイドライナーを入れて、透明感をプラス。リップもマットに。

HOW TO　リキッドファンデの後、先に凹凸のある部分に細かいブラシでルースパウダーを乗せ、次に大きなブラシで全体にふんわりと乗せる。その後、全体に磨きをかける感覚でなじませていく。チークは白を含んだペール色のパウダータイプを軽くふんわりと。眉やまつ毛にはパウダーを残さず、クリア感を出すことが大切。

Chapter. 2　「メイクによる印象操作」を知る　033

— 03. SKIN TEXTURE —

フォギーな肌の質感に同調させて、ヘアもドライでラフな動きに

ここではボブベースを、それぞれの肌の質感に同調するヘアスタイルに仕上げています。こちらはP33のD「フォギー」な肌に合わせて、ドライでラフな質感のアレンジに。肌はメイクの中でも面積が広いので、肌の質感にヘアを同調させると全体の統一感がいっきに高まり、そのイメージを強く印象づけます。肌の質感を大切にしたいなら、ヘアの質感も合わせるのが効果的。

MAKE-UP → D

make-up   *hair*
Foggy ✕ Dry Texture

034

— 03. SKIN TEXTURE —

パーリィな肌に合わせた、ツヤ感強調のウエットヘア

こちらはP32のB「パーリィ」なツヤ肌に合わせて、ヘアもウエットにしてツヤ感を強調。今回は2つとも同調させていますが、反対のものを合わせるという表現もあります。ただしヘアは面積が広く印象効果も強いので、肌よりヘア側のイメージに引っ張られる可能性が高くなります。いずれにしても質感表現は、全体の温度感をいっきに変える部分なので繊細に対応しましょう。

MAKE-UP → B

make-up **Pearly** ✕ *hair* **Wet Texture**

Chapter. 2 | 「メイクによる印象操作」を知る 035

no. **04**

BALANCE

目元と口元の関係

Question

目元と口元の
バランスをどう取る?

目や唇にインパクトを持たせたいとき、カラフルな色や多色使いのメイクをしたいとき。トゥーマッチにならないポイントは何? ここではメイクにおける目元と口元の関係から、「メイクの力バランス」を考えてみましょう。メイクでは色やライン、その形や面積などによって重さや強さが生まれます。それがパーツごとの「力」となって「力バランス」が発生します。例えば「目と唇のどちらかにポイントを置く」のか「同等のバランスにする」かでは、目元と口元の力関係が変わります。ヘアをプラスすればバランスはさらに変化するので「どこを強めて、どこを弱めるか?」その足し引きを計算しなければなりません。まずはモデルをよく観察して、もともとの素材が持つ強さ、弱さを把握すること。そこに対して必要な強さを考えることが大切です。

Chapter. 2 | 「メイクによる印象操作」を知る 037

— 04. BALANCE —

Lip Point
口元を強調

Color Balance
色使いのバランス

A 黒リップを引き立たせる目元

黒リップのみのミニマムなメイクです。口元の1点が強調された印象ですが、P40ページの写真と見比べてください。眉下のフルバングが組み合わさると目元も強調されて、リップとのバランスが取れる、と感じませんか？ これはヘアの色面積（黒）がプラスされ、黒リップの強さが緩和されたため。メイクとヘアのバランスを考えるときは、このように「色面積」で見てみることも重要です。デジカメのモノクロ機能などを使って、一度カラーからモノクロに変換して見てみると、「色の持つ強さ」が捉えやすいと思います。

HOW TO 肌はニュートラルな質感に仕上げる（A〜D共通）。口元は黒のペンシルでリップラインを描き（黒は収縮する色なので、インカーブにはしない）、黒のクリームタイプのリップカラー（舞台用。もしくはクリームタイプのフェイスカラー）で仕上げた。目、眉、チークは加えていない。

B 鮮やかなアイメイクと調和する口元

鮮やかなターコイズブルーのアイラインに、ナチュラルなピンク系のリップの組み合わせ。これは目元のターコイズと調和するよう、弱過ぎず、強過ぎずのバランスで組み合わせた色と質感です。これ以上色味が淡いと口元が弱過ぎるし、パール感が強いと目元の質感とに違和感が生じるはず。逆にマットな質感になるともう少し口元が強調されるでしょう。色を効かせるメイクの場合は、「どの部分の色を強調したいのか？」をまず考え、そのためには「何を足し、どこを引くか？」を計算していくことが大切です。

HOW TO ターコイズのペンシルで、二重幅に合わせた太めのアイラインを描く。目尻は少しハネ上げて印象的に。目頭には白パールのハイライト入れて、よりターコイズカラーを引き立てる。リップは適度なツヤ感のあるコーラルピンクで、ナチュラルに仕上げる。眉、チーク、マスカラは無し。

— 04. BALANCE —

Power Balance
唇との力関係

Eye Point
目元を強調

C 深紅のリップとつり合う目元

強いインパクトがある赤リップは、目のつくり方次第でトゥーマッチな印象になりがち。イメージに合わせて目元のバランスを取ることが大切です。アイラインは上まぶたにのみ細く入れ、目尻を少しハネ上げ、マスカラも上まぶたのみに。目尻のハネを見せることで、リップに対してのバランスを取っています。目元の印象が弱い場合は下まぶたにインサイドライナーを入れたり、マスカラをしっかりつけるという選択も考えられます。また赤リップは、今の時代にマッチしたシアーマットな質感を選択しています。

HOW TO 赤のリップペンシルでナチュラルなラインを描いた後、シアーマットな質感の赤いリップカラーをオン。目元は黒のアイラインペンシルで、上まぶたにのみ細めにラインを描き、目尻はややハネ上げる。マスカラも黒で上まぶたのみに。眉、チークは無し。

D 強いアイメイクを引き立たせる口元

Aとは逆に、黒囲みのアイラインで目元を強調させたメイクです。このようなアイメイクは、トゥーマッチになると「怖い」印象を与えがち。「抜け感」を出すために、口元にはヌーディなリップを合わせました。ただしマットやパールではなく、自然なツヤ感のあるタイプを選んだことがポイント。あえて眉を描かないことで、目元が強くなり過ぎるのを防ぎました。不健康に見えないようにチークも少しだけ入れています。引き算をしていくことでインパクトがありつつ、洗練されたメイクにすることができます。

HOW TO 黒ペンシルで目を囲むようにラインを描いた後、黒のアイシャドーを二重幅にぼかす。上まぶたにだけ、ナチュラルタイプのマスカラをプラス。リップはペンシルでラインを描いた後、自然なツヤ感のあるヌーディなベージュカラーを。チークはパウダータイプのブラウンをひとハケだけオン。

Chapter. 2 「メイクによる印象操作」を知る

— 04. BALANCE —

目ギリギリのバングで黒リップの口元とカバランスを取る

P40と41は共に、トップはおだんごで直線バングの組み合わせですが、こちらはP38のAと力が引き合うように、目ギリギリのバングを合わせました。メイクのみでは口元に視線が集中しましたが、眉を隠すヘアを合わせることで顔に安定感が生まれます。メイクとヘアの力関係が、バングの長さによって変化している例です。

MAKE-UP → A

make-up *hair*
Lip Point ✕ Full Bangs

040

── 04. BALANCE ──

ショートバングで
アイラインの鮮やかさを
際立たせる

こちらは短いバングにすることで、P38のBの鮮やかなアイラインを際立たせています。P40と同様にバングのあるスタイルですが、短いバングと柔らかな質感がポイント。スリークなバングだと、軽やかなこのメイクに対してヘアが強くなり過ぎて、目元が引き立ちません。メイクとヘアの力関係では、長さに加え、質感もとても重要です。

MAKE-UP → **B**

make-up *hair*
Eye Point ✕ Short Bangs

Chapter. 2 | 「メイクによる印象操作」を知る 041

no. 05

CHEEK

チークによる
印象変化

Question

イメージを変化させる
チークの入れ方は？

チークの入れ方次第で、かわいい、元気、素朴、大人っぽいetc…と印象が様々に変化します。顔がスッキリしたり、ふっくら感じたりと、骨格まで違った印象に見えます。ここではチークの色と入れ方（位置、面積、角度など）によって、どのようにイメージが変化するのかを見ていきましょう。よく紹介されているスタンダードなチークの入れ方は「頬骨に沿って入れる」。骨格に陰影がつき自然な血色感になるため、輪郭がすっきり見える入れ方です。しかし起点が少し上になり過ぎて縦長になったり、立体感をつけ過ぎたりすると、古い印象を与えることも。チークの入れ方次第で時代感や作為的な印相を与えます。モデルの骨格と肌色をよく見極めて、効果的な位置（入れ方）と色調をコントロールしていくことが大切です。

Chapter. 2 ｜「メイクによる印象操作」を知る

— 05. CHEEK —

Healthy
健康的・素朴

Sharp
大人っぽい・モダン

A　横に広げて入れる

肌なじみのいいオレンジ系のチークを、頬の中心のやや高い位置から横に広げるようにぼかしました。ここでは骨格を引き締める目的ではなく、日焼けしたような、素朴で健康的な印象にするために入れています。もう少し赤味の強い色なら、運動後の上気したような頬に見えるでしょう。立体感ではなく血色感を出す入れ方なので、肌になじむ色味を選択することが基本です。位置が下過ぎると、やぼったくなるので注意しましょう。

HOW TO　ベースはナチュラルなシアーマット肌に、自然なグラデーションをつけた目元とヌーディな口元。チークは肌なじみのいいオレンジブラウンのパウダーを使用。頬の中心から横に向かって広げていく。立体感よりも血色感を出すイメージで、骨格を意識しながらぼかす。

B　頬骨に沿って楕円形に入れる

もっともスタンダードなチークの入れ方です。頬骨に沿って楕円形に入れるので顔がすっきりとシャープに見えて、大人っぽく洗練された印象になります。ポイントはブラシの起点。頬の一番高い位置ではなく、頬骨のやや下をスタート点にし、頬骨に沿って楕円形にぼかします。起点を高く斜めに入れると、やや昔風の印象になるので注意が必要です。色も肌なじみのいいオレンジブラウン系などを選ぶと、より自然な印象になります。

HOW TO　チークは、Aよりややオレンジ味が弱い、オレンジブラウン系のパウダーを使用（その他のメイクはAと同一）。上記で示した起点（頬骨のやや下）を一番濃く、そこから徐々に薄くなるように、頬骨に沿って楕円形にぼかし広げる。

— 05. CHEEK —

Pretty
スイート・愛らしい

Cute
かわいい・元気

C 中心に丸く入れる

ブラシの起点はBと同じですが、楕円形ではなく、丸く入れていることがポイントです。この入れ方は、<u>側面に広げないので骨格がフラットに見えて、かわいらしさや幼さを感じさせます</u>。ただし小鼻のほうにまで広げ過ぎると、赤ら顔に見えてしまうので注意しましょう。また、陰影をつけるためのチークではないので、ブラウンのような影色を使うと違和感が出てしまいます。ここでは彩度の高いピンクを使用しました。他には彩度の高いイエローオレンジやレッド系などが適しています。

HOW TO ファンデーションはA、Bと同じだが、目元をクリアなアイシャドーに変えて、リップもピンク系にチェンジ。上下にマスカラをたっぷりと。眉山も少しなだらかにする。チークは彩度の高いピンク系パウダーを使用。Bと同じ起点からスタートし、グラデーションをつけながら丸くぼかす。広範囲に広げすぎないように注意。

D 高めの位置に入れる

Cと同色のチークを、Cよりも少し高い位置に丸く入れています。こちらも「かわいい」イメージですが、<u>ポイントが上がった分、あどけなさよりもハツラツとした元気さを感じます</u>。また視線が集まる位置も上がり、目が強調されるので表情に強さが生まれます。近年は「かわいい」の幅が広がっています。このように意志の強さを感じるかわいらしさの表現も、時代を表していると思います。ただしあまり位置を上げ過ぎてこめかみにかかってしまうと、和装向きのメイクになるので注意しましょう。

HOW TO Cと同色の彩度の高いピンク系パウダーを使用。起点の位置をCよりもやや上（頬骨中心）に上げて、Cと同様にグラデーションをつけながらやや楕円形にぼかす（その他のメイクはCと同一）。このときぼかし過ぎたり、色が淡過ぎてしまうと効果が出ない。顔の大きさをよく見極めて、ぼかす円の大きさを判断する。

— 05. CHEEK —

HAIR × STYLE
× チーク

make-up
Cute ✕ Dry Curl
hair

**丸いフォルムの
ドライなカールヘアで、
キュートさを強調**

P46と47は、どちらもメイクのイメージに同調させたヘアスタイルです。P45のDのキュートなメイクに合わせたのは、ドライでフワフワな質感のカールヘア。丸いチークに対し丸いカール、丸いフォルムで、全体を丸で統一してキュートさを強調。オフ・ザ・フェイスで視線を目元周辺に集め、元気なかわいらしさを感じさせます。

MAKE-UP → **D**

046

— 05. CHEEK —

HAIR × STYLE ×チーク

make-up *hair*
Sharp ✕ Sleek Bangs

アシンメトリーな
斜めバングがメイクの
シャープさと同調

こちらはP44のBのシャープなメイクにアシンメトリーな斜めバングを合わせています。斜めのインナーラインが顔にかかることで、クールさやシャープさが演出できるのです。ただしもともと丸顔で、かわいい要素のあるモデルなので、タイト過ぎるヘアでは強くなり過ぎます。そこで毛先に浮きを作り、少しだけ柔らかさを出してバランスを取りました。

MAKE-UP → **B**

Chapter. 2 「メイクによる印象操作」を知る　047

no. 06

EYEBROW &LIP

眉と口元の関係

Question

眉と口元の色と形で、印象はどう変わる?

ここでは肌と目のメイクはすべて同一にし、眉と口元だけをチェンジ。肌や目は変えなくても、アイブロウとリップの色と形、質感を変えるだけで、全体のイメージがどのように変化するのかを見ていきましょう。パーツを少し変えるだけで、全体にどんな影響を及ぼすのかを確認してください。眉と口という形を変化させやすいパーツが、どのように全体に影響するのかが分かれば、印象操作の足し引きがつかめるのではないでしょうか。メイクは肌、アイメイク、アイブロウ、チーク、リップ…そのすべてをいつもフルでやらなければいけないわけではありません。イメージを変えたいと思ったときに、そのすべてを変えなければいけないわけでもありません。少しだけ色や形、質感を変えるだけで様々に変化していくことを理解しましょう。

Chapter. 2 ｜「メイクによる印象操作」を知る　049

— 06. EYEBROW & LIP —

Girly
少女っぽい・かわいい

Boyish
少年っぽい・素朴

A 自然な眉と
ツヤ感のある口元

B 毛流れを強調した眉と
輪郭がとけ込んだ口元

自然な丸みでソフトなタッチの眉と、品のある赤味に透明感とツヤ感のあるリップの組み合わせです。<u>短めで自然なカーブを描く眉は、若々しくフレッシュな印象を与えます。</u>ここに品のある赤味の口元を組み合わせると、全体が優しい雰囲気になります。口元はツヤ感をプラスすると女らしさが増しますが、ここではツヤのある口紅ではなく、グロスタイプで透明感のある口元にすることで抜け感を出し、甘く少女っぽい雰囲気にしました。輪郭もあいまいにすることで、よりピュアでガーリーなイメージになります。

もともとしっかりした形と太さのある眉なので、それを活かし、ブラシで毛並みを立てて太さを強調。さらにブラウンのペンシルで一本一本の毛流れを描くように仕上げています。<u>わざとバサバサな眉にすることで、素朴でボーイッシュな雰囲気</u>を出しました。口元は自然なツヤ感のリップで、輪郭を取らず内側からぼかし、血色感がにじみ出るように仕上げました。リップの厚みを感じさせないことで、全体に透明感が出てきます。眉やリップのアウトラインをあいまいにする事で、より素朴さが強調されます。

HOW TO 肌はニュートラル、チークはなし、マスカラは上まつげのみ（A〜D共通）。眉はナチュラルブラウンのパウダーで足りない部分を補い、眉マスカラで柔らかなラインに整える。リップは赤のグロスを内側からぼかすようにつけていき、更に透明グロスを重ねて輪郭をあいまいに。

HOW TO 眉は形がしっかりあったので、毛並みを眉マスカラで立たせるようにしながら整え、眉ペンシルで毛流れを一本一本強調した。太さがあるので長さは短めに。マスカラは上まつげのみ。リップは自然なツヤ感の赤を、紅筆で内側から外に向かって薄くぼかし、更に輪郭をパウダーで肌になじませる。

050

— 06. EYEBROW & LIP —

Grace
女性らしい・上品

Strong
強い・意志的

C 長めのアーチ型眉と曲線的な輪郭の口元

眉を長めではっきりとしたアーチ型にすると、大人っぽく女性らしい印象になります。リップは輪郭をはっきり取り、自然な曲線を描くことで女性らしさをアップさせました。唇の口角から山と底を曲線でつなぐか直線でつなぐかで、全体のイメージはガラリと変わります。曲線でボリュームのあるラインにするほうが女っぽさはより増すのですが、オーバーリップにすればするほど、品が失われがち。ここではなだらかなカーブにすることで、上品で端正な印象を与えるメイクにしました。

HOW TO 眉は毛流れをアーチ型に整えて、グレーのペンシルで眉頭から眉尻を曲線で描く。眉山はやや外側に設定し、眉尻もやや長めにする。リップは自然なツヤの出るタイプの赤で、山を自然なラインで描いた後、底のラインを決め、柔らかく自然なカーブの輪郭を取る。

D シャープな眉と直線的な輪郭の口元

眉山のはっきりした眉と、直線的な輪郭の口元の組み合わせ。女性的ですが、Cに比べるとシャープで意思を感じる顔になっています。ほとんどアイメイクをしていなくても、眉を力強くしたことで目力が強調されます。リップも山と底を直線的につないでいるので、Cに比べてシャープな印象です。顔の中で直線を感じさせるものはそれだけでポイントとなり、顔に「強さ」を加えます。たとえばCと、眉かリップを入れ替えてみると、強さの度合いが変わってきます。求めるバランスによって、組み合わせ方をチョイスしましょう。

HOW TO まずはブラシで眉の毛流れをしっかり整え、ブラウンのリキッドライナーで、1本1本の毛流れを描き直線的なラインを作る。その後ペンシルやパウダーでなじませる。眉尻もやや長めに。リップはCよりややダークな赤を使用。山と底を直線的な輪郭でつなぐが、このときインカーブ過ぎると頬が広く見えるので注意。

— 06. EYEBROW & LIP —

曲線でクラシックな上品さを出しながら抜け感のあるヘアに

P52〜53は、どちらもメイクのイメージに同調させたヘアを組み合わせています。こちらはP51のCの「女性らしい上品さ」に合わせて、柔らかな曲線で構成し、少しクラシックな印象のデザインに。横に流れるラインで優しい雰囲気を出しています。ただし質感をドライにすることで軽さと抜け感を作り、今っぽさも出しています。

MAKE-UP → C

make-up *hair*
Grace ✕ Dry Wave

― 06. EYEBROW & LIP ―

曲線構成だが サイドのタイトさと ツヤ感で強さを表現

ストロングなメイクに対し、曲線を用いながら、ヘアの強さをどう作っていくかを考えました。顔周りに要素があると、この眉では重くなるので、オフ・ザ・フェイスのデザインで眉の力強さを強調。トップは曲線ですが、サイドはタイトに締めて直線感をミックス。ツヤ感で重さと強さもプラスして、メイクに同調させています。

MAKE-UP → **D**

make-up   *hair*
Strong ✕ Wet Curve

Chapter. 2 | 「メイクによる印象操作」を知る　053

no. 07

EYE MAKE-UP

ブラウンの印象の違い

Question

ブラウンの色味で
印象はどう変わる?

アイメイクでもっともベーシックな色と言えばブラウン。しかし一口にブラウンと言っても、赤味や黄味がある色、くすんだ色…と様々な色調があります。実はブラウンの色味とその使い方によって、瞳の色の明るさが違って見えたり、女性らしさが増したりなど、印象が変化することを知っていますか？　ここでは4つの異なるブラウン系アイメイクで比較してみましょう。これらのメイクは、肌はすべて同一でチークは無し。眉とリップだけ、それぞれのブラウンの色味に合わせて少しずつ変えています。ブラウンは肌になじみやすいので、自然な陰影や深みを出しやすい色。それだけにブラウンの違いによる印象変化を知っておくと、イメージ操作にとても役立ちます。

― 07. EYE MAKE-UP ―

Yellow Brown
黄味のあるブラウン

Bronze
ブロンズ・銅色

A 肌なじみがよく、柔らかな目元

B ラグジュアリー感のある強い目元

イエローブラウンは、ブラウン系の中でも日本人の肌にもっともなじむ色味です。肌なじみが良いので柔らかい雰囲気になり、自然な立体感を演出することができます。アイラインはコントラストをつけず、ナチュラルに描き、眉も黄味がかったブラウンで統一しました。ただし口元まで同系色で合わせると地味になりすぎるので、ピンクベージュのリップで血色を足しています。もともと肌の黄味が強い人の場合は、ハイライトで一度目元をクリアにしてからシャドーを入れるなどの工夫をすると「黄ぐすみ」しません。

HOW TO 肌はニュートラル、チークはなし（A～D共通）。ハイライトでまぶたを明るくした後、イエローブラウンのアイシャドーで、目の際から自然なグラデーションをつける。アイラインはソフトなブラウン。マスカラは黒で軽くメリハリを与え、眉は黄味のあるブラウンの眉マスカラを使用。リップはピンクベージュで。

ややゴールド寄りの、赤味を感じさせるブラウンがブロンズです。これも日本人の肌に合いやすい色ですが、Aのイエローブラウンに比べるとつややかで肌とのコントラストがあるため、目元の強さが増します。ラグジュアリー感や女性らしさがアップするので、欧米人風の印象になります。アイシャドーの色が強いので、目の際はAよりも黒で絞めてすっきりメリハリをつけました。目元の色温度が上がるため、口元は赤味があるとやや暑苦しい印象になりがち。そのためリップは色を抑えたベージュでバランスを取りました。

HOW TO ハイライトでまぶたを明るくした後、ブロンズ色のアイシャドーで目の際からグラデーションをつけていく。アイラインは黒で、Aよりしっかりと描き、際を締める。マスカラも黒で上下に。眉はやや赤味がある自然なブラウンの眉マスカラを使用。リップは赤味を抑えたベージュ系を選択。

── 07. EYE MAKE-UP ──

Red Brown
赤味のあるブラウン

Smokey Brown
くすんだブラウン

C 色気があり、女性らしい目元

目元の赤味が増すと、女性っぽさや色っぽさが際立ってきます。AやBに比べて瞳の色が茶色に見えることに気づいたでしょうか？ 腫れぼったく見えやすい色なので、パール感のないシャドーを選び、目の際はアイラインでしっかり締めることが大切です。ここまで主張の強い色の場合は、眉や口元などを合わせ過ぎないほうが◎。目以外は引き算のメイクをしないと、派手な顔になりかねません。入れ幅を広げ過ぎないようにし、ボケ足（境目）は肌なじみの良い色でつなぐ、といった工夫も必要です。

HOW TO ハイライトでまぶたを明るくした後、黒のアイライナーで際を締める。目の際からレッドブラウンのアイシャドーを、アイホールまでぼかしていく。最後にハイライトで、アイシャドーのボケ足をなじませる。眉はやや赤みのあるブラウンの眉マスカラを使用。リップは色温度の低いピンクベージュで。

D シャープで大人っぽい目元

グレイッシュでくすんだブラウンの目元は、肌色とのコントラストがつきメリハリが出るのでシャープな印象を与え、瞳も黒く見えます。グレイほどクールではなく、黄味や赤味のブラウンよりは強さがあるので、シックな大人っぽさを出したいときなどに向いています。眉はナチュラルブラウン、口元はピンクベージュで冷たくなり過ぎるのを防ぎました。肌がくすんでいる場合はシルバー系のパール入りではなく、カーキやゴールドニュアンスのあるグレイッシュブラウンを選ぶと失敗しません。

HOW TO ハイライトでまぶたを明るくした後、黒のアイライナーで際を締める。パールグレイッシュブラウンのアイシャドーで、目の際からグラデーションをつけていく。ボケ足は肌なじみのいい中間色のアイシャドーでつなぐ。眉はナチュラルブラウン。リップは優しいピンクベージュ系で。

— 07. EYE MAKE-UP —

ソフトな目元に合わせてフェイスラインを柔らかく編み込んだヘア

P56のAの、イエローブラウンのアイメイクを引き立たせるために、顔周りを柔らかく編み込んだヘアを組み合わせました。肌なじみのいい色を使ったソフトな目元なので、強いバングを持ってくると、目の存在感が薄れます。そのような場合はオフ・ザ・フェイスのヘアや、明るい色の軽いバングを合わせると、目に視線が集まります。

MAKE-UP → A

make-up
Yellow Brown ✕ Rough Braid
hair

— 07. EYE MAKE-UP —

はっきりしたラインの バングを合わせて アイメイクとバランスを取る

P56のBのブロンズは、ソフトな中にも立体感があり、Aよりも強い印象の目元です。そこにラインがしっかりあるショートバングを合わせると、目に視線が集まりつつも、引き合う力がメイクとヘアで均等になって、安定感が生まれます。ブラウンはもともとソフトな色調なので、目元を打ち消したくないなら、強過ぎないヘアを合わせます。

MAKE-UP → B

make-up *hair*
Bronze ✕ Round Short

Chapter. 2 | 「メイクによる印象操作」を知る   059

no. 08

EYE MAKE-UP

目元の立体感と
スケール感

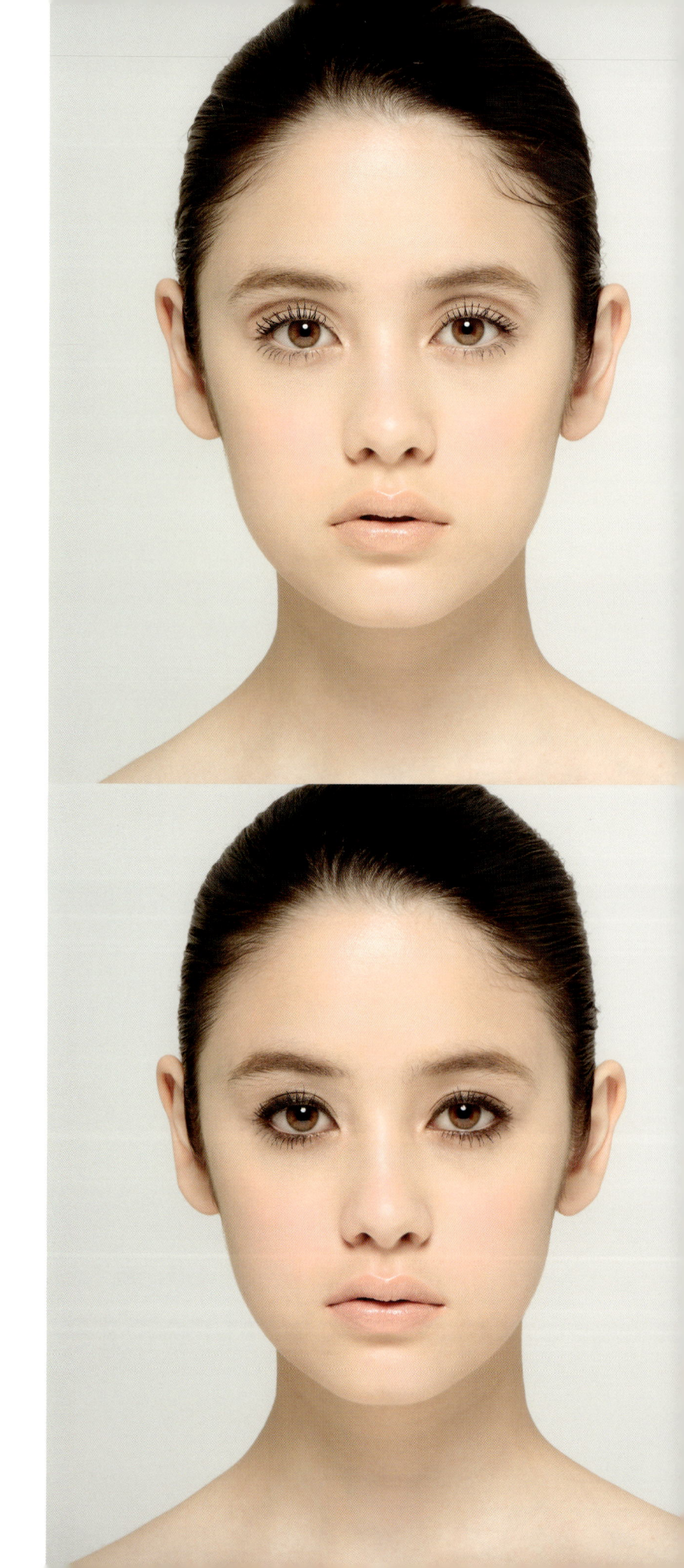

Question

形の違いで、目元の広がりや立体感はどう変化する?

眉や目の形をメイクで変えると、目元の広がり（スケール感）や立体感が変化します。分かりやすく言えば目元がフラットになったり、前に出てきたり、窪んで見えたりするのです。その違いで、顔立ちの印象が大きく変化し、アジア人の骨格を欧米人っぽい印象にすることも可能です。P18〜21では、アイラインによって目元のフレームを変化させましたが、こちらはアイライン＋アイシャドーのグラデーションで、より立体的な目元を作ります。形や色、幅、ラインを駆使することで、ミニマムな操作の中で大きな違いを出せることを知りましょう。

— 08. EYE MAKE-UP —

Eye Hole Line
アイホールに陰影

Center Hole
中抜き

A 自然な窪みの陰影がある目元

B 立体感のある大人っぽい目元

アイホールに沿ってライン的な陰影をつけています。他はマスカラのみですが、目がぐっと立体的になり、彫りの深い欧米人顔の印象。アイホールのラインを入れる位置は骨格に合わせます。アイホールがはっきりしない平面的な目元の場合は、二重のラインよりやや上めの位置に入れると効果的です。幅は目の幅に合せるようにし、ラインのエンドは、すっと肌になじませましょう。自然な窪みに見せるには、くすみのないブラウンを選ぶことが大切。眉は短か過ぎると彫りの深さが活かされないので、やや長めに描いています。

HOW TO 肌はニュートラル（A〜D共通）。アイブロウペンシルでアイホールラインにあたりをつけ（目を空けた状態で確認する）、アイシャドーのベージュブラウンを細筆に取りなぞる。ラインの両端のボケ足は肌になじませる。眉はやや長めに描き、黒のマスカラのみを上下にたっぷりと。リップはベージュの口紅で。

目頭と目尻にはダークシャドーが入っていますが、センター部分はハイライトで抜いています。そのため目の中央がぐっと前に出て見え、目元の立体感が強調されます。Aが「ドーリィな愛らしさのある欧米人顔」だとしたら、こちらは「大人っぽい印象の欧米人顔」です。ここでは真ん中を抜いていますが、遠心系の顔立ちならばやや内側、求心系の顔立ちならばやや外側を抜くとバランスが取りやすいでしょう。シャドー幅はアイホール内に収め、ハイライトはパール感が細かく肌なじみのいい色を選びます。

HOW TO 肌なじみのいいハイライトでまぶた中央を明るくした後、目頭と目尻の両端から、中央に向けてアイラインを描く。グレイッシュブラウンのアイシャドーを両端から黒目の外側辺りまでぼかす。立体感をつけるために下まぶたの目尻にも入れる。眉はAより淡く短く描き、リップはピンクベージュで。

— 08. EYE MAKE-UP —

Center Bold
中央太ライン

Double Line
ダブルライン

C 黒目が強調された、丸く可愛らしい目元

D ダブルラインの欧米人風な目元

黒目の上下にアイラインを太く入れることで、目をパッチリと見せています。アイラインの効果で黒目部分が縦方向に広がるので、目が丸く大きく見えるのです。このとき目頭まで囲んでしまうと、逆に目が収縮してしまうので、目頭は抜くようにします。シャープな目を丸く見せたい、小さい目を大きく見せたい、というような場合に効果を発揮します。この場合のアイシャドーは二重の幅に沿ってぼかすのが基本ですが、一重の人は「目を開けたときに少し見える幅」を目安にぼかすと、ナチュラルに仕上がります。

アイホールと目周りの両方にはっきり陰影を付けた「ダブルライン」と呼ばれるアイメイクです。目元に広がりと立体感が出て、より欧米人顔に近づきます。ここではアイホールラインをAよりも横広がりにし、アイラインは目尻の幅を出してやや上昇ぎみに描きました。そうすると視線が外側に向かい、シャープで大人っぽい印象になります。アイホールがはっきりある骨格なら、アイホールラインとアイラインの目尻側のエンドをつなげてもいいでしょう。ただしアイホールラインにアールを付け過ぎると、不自然な印象になるので注意。

HOW TO 上下の黒目部分にアイラインを太く描き、目頭側と目尻側から徐々に太くなるように中央のラインへつなぐ。上下とも両端がなじむようになだらかな厚みを出し、目頭のラインをつながないことがポイント。アイシャドーは二重の内側で収まるようにラインをなじませる程度にする。眉とリップはBと同様。

HOW TO まぶた全体をハイライトで明るくする。アイラインは上まぶたの際に沿って目尻が長く上昇するように描き、下まぶたは上のラインにつなげるように描く。アイラインにアイシャドーを重ねて自然にぼかす。アイホールにアイブロウペンシルであたりのラインを描き、その上をアイシャドーでなぞる。眉はやや長めに描きリップはベージュで抑えめに。

― 08. EYE MAKE-UP ―

アシンメトリーなヘアで
目元の陰影が強調され、
より大人っぽい印象に

どちらのメイクにも、丸い曲線構成で少し遊び心のあるヘアを組み合わせています。こちらはP62のAのメイクに、アシンメトリーなヘアを合わせた例。質感をくずしたことで、目元のくぼみの立体感が強調されています。アシンメトリーは大人っぽさを感じさせる要素なので、ヘアに引っ張られて全体の印象もやや大人っぽい方向に動きました。

MAKE-UP → A

make-up
Eye Hole Line ✕ Asymmetry
hair

064

— 08. EYE MAKE-UP —

大人っぽいメイクが
シンメトリーなヘアで
かわいい印象にシフト

P62のBの「中抜き」は、立体感があり大人っぽさを感じさせる目元。しかしここに遊び心のあるシンメトリーなヘアを合わせることで、全体が少しかわいい印象にシフトしました。シンメトリーは親しみやすさや安定感を感じさせる要素なので、かわいらしさにつながるのです。ヘアが持つイメージに引っぱられて、メイクの印象も変化します。

MAKE-UP → **B**

make-up　　　　　　　　*hair*
Center Hole ✕ Symmetry

Chapter. 2 ｜「メイクによる印象操作」を知る　065

no. 09

IMAGE MAKE-UP

キュート顔の
印象変化

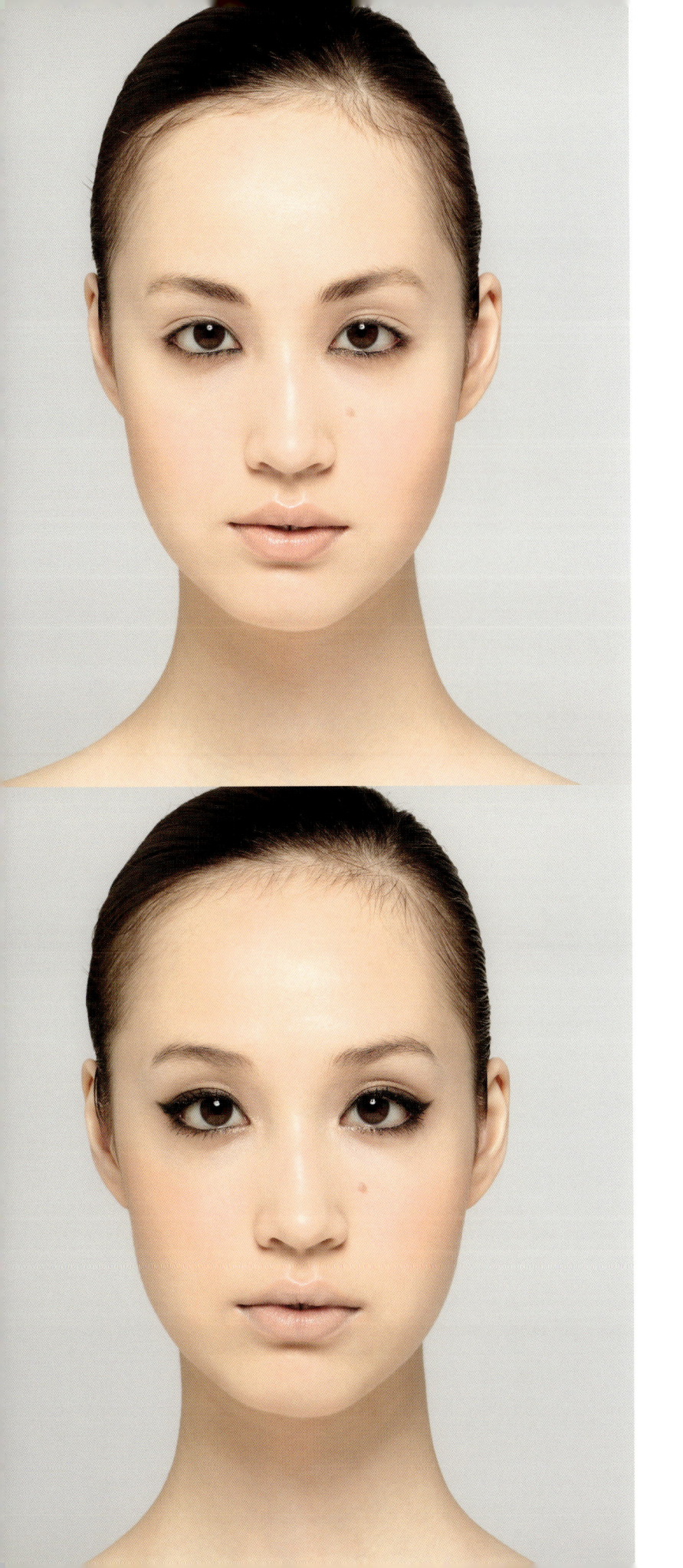

Question

キュートな顔立ちを活かす
or 変えるメイクとは？

P66〜とP72〜では「キュート顔とシャープ顔を、無理なく、どのように印象変化させるか」を見ていきます。多くの人がキュートとシャープのどちらの要素も併せ持っていて、その割合で個々の違った印象を作っています。キュート顔に見える要素は平面、曲線、遠心、下降、暖色。それに対してシャープ顔に見える要素は、立体、直線、求心、上昇、寒色などがあげられます。その人のどこが一番キュート、あるいはシャープさを感じさせる要素なのかを見極めることが肝心です。例えば「タレ目」や「丸い鼻」などは分かりやすいですが、オデコが広くてパーツが下に集まっている、というのもキュートを感じさせる要素のひとつになります。ここでは素材が持つ「キュート」部分をどう操作し、印象を変えていくのかに着目してください。

— 09. IMAGE MAKE-UP —

Cute
キュート・かわいい

Sharp
シャープ・怜悧

A 素の要素を活かした、かわいい印象

B 求心的で、シャープな印象

目尻の下降線が特徴で、かわいい印象を与えるモデルです。目鼻立ちがやや遠心的で、輪郭やパーツがまろやかな曲線であることも、ベビーフェイスな印象を与える要素となっています。つけまつ毛やはっきりと丸いチークなどを加えればかわいらしさがより強調されますが、ここでは素の要素をそのまま活かすため、適度なメリハリだけを加えたフラットなメイクにしました。眉は整える程度、目頭のハイライトと黒のマスカラ、ふっくらしたリップなど、立体感を出す効果は最小限に留めています。

HOW TO 肌は自然なツヤ感を出す。目頭に、繊細なパール感で肌なじみのいいベージュのハイライトを乗せ、黒マスカラを上下にたっぷりと。チークは頬の中央に淡いピンクを丸くふんわり乗せる。リップは彩度の高いピンクのグロスを使用。眉は形を整えて、パウダーで補う程度にする。

Aに比べると求心的で立体的に見え、シャープな印象を与えます。求心的に見せるために、黒のアイラインを目頭からインサイドに入れて強調し、眉も眉頭を強調。視線が眉間に集まるようにしました。スモーキーベージュのアイシャドーを目頭側から窪みに沿ってふわっと入れ、立体感を出しています。冷たい印象になり過ぎないように、リップは優しい色でバランスをとりました。このモデルの場合、キュートさの最大要素は目元なので、目を操作することがもっとも印象を変化させやすいのです。

HOW TO 目頭を強調するように黒のアイラインで描き、ブラウンのシャドーでなじませる。目頭側にのみ、スモーキーベージュのシャドーを入れる。眉は眉頭部分のタッチを強める。ブラウンのチークを頬骨からフェイスラインにかけてソフトに入れ、リップは淡いピンクベージュで。

— 09. IMAGE MAKE-UP —

Chic
シック・大人っぽい

Cool Modern
モダン・都会的

C 直線的で、大人っぽい印象

目と眉を直線的な上昇ラインにし、口元にはシックな色を加えて、ぐっと大人っぽい雰囲気に変化させました。上まぶたのアイラインは、黒目の外側から太くして目尻を上昇させると、目頭は逆に下がって見えるので求心的な印象になります。この時、眉とアイラインの上昇角度を揃えたことで、目と眉が分散せずに、無理なく印象が変化しました。マスカラは目尻のみ。リップはブラウンでグラマラスに。チークはあえて入れません。目元のライン効果と口元の色効果で、縦の位置バランスが強調され、輪郭もスッキリと面長に見えます。

HOW TO ペンシルで角度のあたりをつけた後、黒のリキッドでアイラインを描く。眉はアイラインに合わせて直線的な上昇ラインに。ダークブラウンのリキッドライナーで細くラインを描いた後、パウダーでなぞる。リップは収縮色なので、たっぷりめの輪郭で描く。チークは入れない。

D 立体的で、モダンな印象

BとCのミックスで、立体感を強調したメイクです。アイラインはC同様、上まぶたの目尻を上昇させますが、下まぶたにも「受け」のラインをプラス。ブラウンのアイシャドーを二重幅に沿って入れて、目元に深みを出します。最後に眉山の下から二重の上までハイライトをふわっと入れると、影色が強調されてより立体的になります。目元を際立たせるために、眉はソフトに。口元も肌に馴染むベージュで、抜け感を出しました。ただしチーク無しだと不健康に見えるので、ブラウンレッドで自然な血色と立体感を出しました。

HOW TO 黒のアイラインを、目尻側は上昇気味に太く描く。下まぶたの目尻側も太めに引いてつなげる。ブラウンのアイシャドーを二重幅のくぼみに沿ってグラデーションでぼかし、その上にハイライトを入れる。眉はAと同様。リップはヌードベージュ。チークはブラウンレッドで自然に。

― 09. IMAGE MAKE-UP ―

求心的な印象のメイクにマッシュラインで強さと重さのバランスを

求心的でインパクトが強いP68のBのメイクに、これも個性的なラインのマッシュを合わせました。メイクだけのときよりも、安定した印象を受けませんか？ これは強いメイクに、ラインと面構成という重いヘアを組み合わせたことでバランスが均衡になり、調和が生まれたからです。ヘアとメイクでバランスを補完し合う組み合わせと言えます。

MAKE-UP → B

make-up
Sharp ✕ *hair* **Mush Line**

070

— 09. IMAGE MAKE-UP —

シックなメイクに縦長強調のモヒカンで大人バランス

シックなP69のCのメイクに、線を強調した縦長のモヒカンスタイルを合わせました。リップの色が強いのでフェイスラインはスッキリさせていますが、単なるタイトでは縦長過ぎるので、横と後におくれ毛を出してバランスを取っています。シックなメイクにシャープで遊び心のあるヘアの組み合わせで、大人のおしゃれ感を印象づけます。

MAKE-UP → C

make-up **Chic** ✕ *hair* **Mohican**

Chapter. 2 | 「メイクによる印象操作」を知る　071

no. 10

IMAGE MAKE-UP

シャープ顔の
印象変化

Question

シャープな顔立ちを活かす or 変えるメイクとは？

P66〜の「キュート顔の印象変化」に対し、ここでは「シャープ顔の印象変化」を見ていきます。そもそも完全にキュートかシャープ、どちらかの要素のみで構成される顔立ちは少ないはず。まずは、その人のどのパーツがもっともキュートorシャープな印象を与えるのかを分析し、そこを変えることでイメージをシフトしていくのが効果的です。もっとも印象を変えやすいパーツは眉と目なので、この部分の変化のつけ方を把握しておくとコントロールしやすいでしょう。基本的にキュートな印象を作りやすいのは遠心的、下降線、平面的な要素です。逆にシャープな印象は求心的、上昇線、立体的な要素となります。この要素をパーツに取り入れることで印象を操作していきます。

— 10. IMAGE MAKE-UP —

Sharp
シャープ・すっきり

Cute Modern
キュート・イマドキ

A 素の要素を活かした、シャープな印象

B すっきりと洗練されたキュートさ

眉頭がやや内側に入った直線的な眉と、切れ長の目が求心的な目鼻立ちに感じさせ、シャープな印象を与えるモデルです。そのイメージを活かすために、目の形に沿ったアイラインと目尻側にマスカラをプラス。眉は眉尻の長さを少し足す程度で、もともと持つ目元のシャープ感を強調させました。チークやリップは肌色に近いベージュ系を選択。全体をワントーンにして「色温度」を抑えました。実はP18〜23と同じモデル。P18〜もシャープ系のメイクですが、その違いを見比べてみてください。

立体感のあるシャープな目元を平面的にすることで、キュート系にシフトさせたメイク。まぶたにパール感のあるハイライトをぼかし、目頭のくぼみには強めのハイライトを乗せて、目の強さを弱めました。アイラインは入れずに、ブラウンのマスカラを上下につけて、目元にかわいらしさを出しています。眉は、明るい眉マスカラで存在を弱めました。色と形の印象でキュートさがプラスされるように、チークとリップは彩度の高いピンク。チークは丸く、リップはふっくらと丸いカーブを描くように入れています。

HOW TO 肌は透明感がある質感に仕上げる。上まぶたをハイライトで明るくし、ブラウンのジェルライナーでまつ毛の際を埋めるように描く。目尻は少しだけ幅と長さを出す。その後、ブラウンのシャドーでラインをなじませ立体的に。マスカラは黒、まつ毛はカールさせない。チークは骨格に沿わせて自然な立体感をつける。

HOW TO 目頭に強めのハイライト、まぶたには自然なパール感のあるハイライトをぼかす。眉は、眉頭には足さないようにしながら、明るいブラウンの眉マスカラでナチュラルに整える。アイラインは無し。チークは頬の中央に丸くぼかし、リップはややふっくらと、山もなだらかなカーブで描く。

— 10. IMAGE MAKE-UP —

Sweet
女の子らしい

Cheerful
元気・かわいい

C 柔らかく少女っぽい印象

シャープな「つり目」を「タレ目」に近づけることで、求心的から遠心的な印象にチェンジさせ、女の子らしさを引き出したメイクです。ポイントは、ハイライトでフラットにした上まぶたと、目尻のアイラインを下降線に描くこと。眉は、眉頭を上げて眉尻はやや下げ、水平気味の眉に。この操作で、まぶたの目頭側と眉間が広がって見えるので、遠心的な印象＝かわいい系に変わってくるのです。このイメージに合わせて、チークはオレンジ系で丸くふんわりと、リップはコーラルピンクで柔らかくまとめました。

HOW TO 上まぶたはパール感のないハイライトを広めにぼかす。アイラインは、まず目を開けた状態で下降線を描く位置を決め（基本は黒目の外側から）、ブラウンのペンシルで当たりをつけてから、最後に目尻だけブラウンのリキッドでタッチをつける。下まぶたはブラウンのシャドーで「受け」となる影をつける。

D 色効果による活発で元気なかわいらしさ

寒色系であっても彩度の高い明るい色は、色温度を上げて、元気でかわいいイメージを与えます。これは色の持つ明るさやかわいらしさで、キュート系にシフトさせたメイクです。ここでは上まぶた全体に発色のいいライムグリーンをぼかし、黒目の上下にブラウンのアイラインを入れて、目を丸く見せています。チークは発色のいいオレンジを丸く入れて、かわいらしく。目元にインパクトがあるので、眉は眉マスカラで印象を弱めました。リップはツヤの少ないやや白っぽいピンクを選び、彩度の高い色使いでバランスをとっています。

HOW TO まぶた全体に彩度の高いライムグリーンのアイシャドーを広くぼかす。アイラインはブラウンのペンシルで、黒目の上下部分を太く描く。マスカラは黒で上下にたっぷりと。眉はブラウンの眉マスカラを使用。チークは彩度の高いオレンジ系を頬の中央に丸くぼかす。リップはツヤが少ないタイプの白ピンク系に。

— 10. IMAGE MAKE-UP —

丸いロールバングで目元の下降線を強調しよりスイートに

目元を下降させ、柔らかく女の子らしい印象へシフトさせた、P75のCのメイクに同調させたヘアです。全体を丸く柔らかいフォルムにし、ドライな質感で、穏やかな雰囲気にまとめました。目元の重心が下がるので、バングがあるほうがバランスが取れます。そこで丸いロールのバングを合わせて、目元の下降線を強調しました。

MAKE-UP → C

×イメージメイクアップ HAIR STYLE

make-up *hair*
Sweet ✕ Roll&Curl

— 10. IMAGE MAKE-UP —

明るい色の丸いカールで
キュートなメイクに
元気さもプラス

こちらは明るい色と丸くフワフワとしたカールで構成し、P74のBのキュートさを感じさせるメイクに、元気なイメージをプラスしました。シャープ顔は、もともとが「強い顔」であるため、キュート顔よりもシフトは難しいと言えます。メイクだけでなく、ヘアで「かわいい」「優しい」等の要素も加えて印象操作することが、より重要になります。

MAKE-UP → **B**

make-up *hair*
Cute Modern ✕ Full Curl

Chapter. 2 | 「メイクによる印象操作」を知る 077

no. 11

IMAGE MAKE-UP

色の組み合わせ
バランス

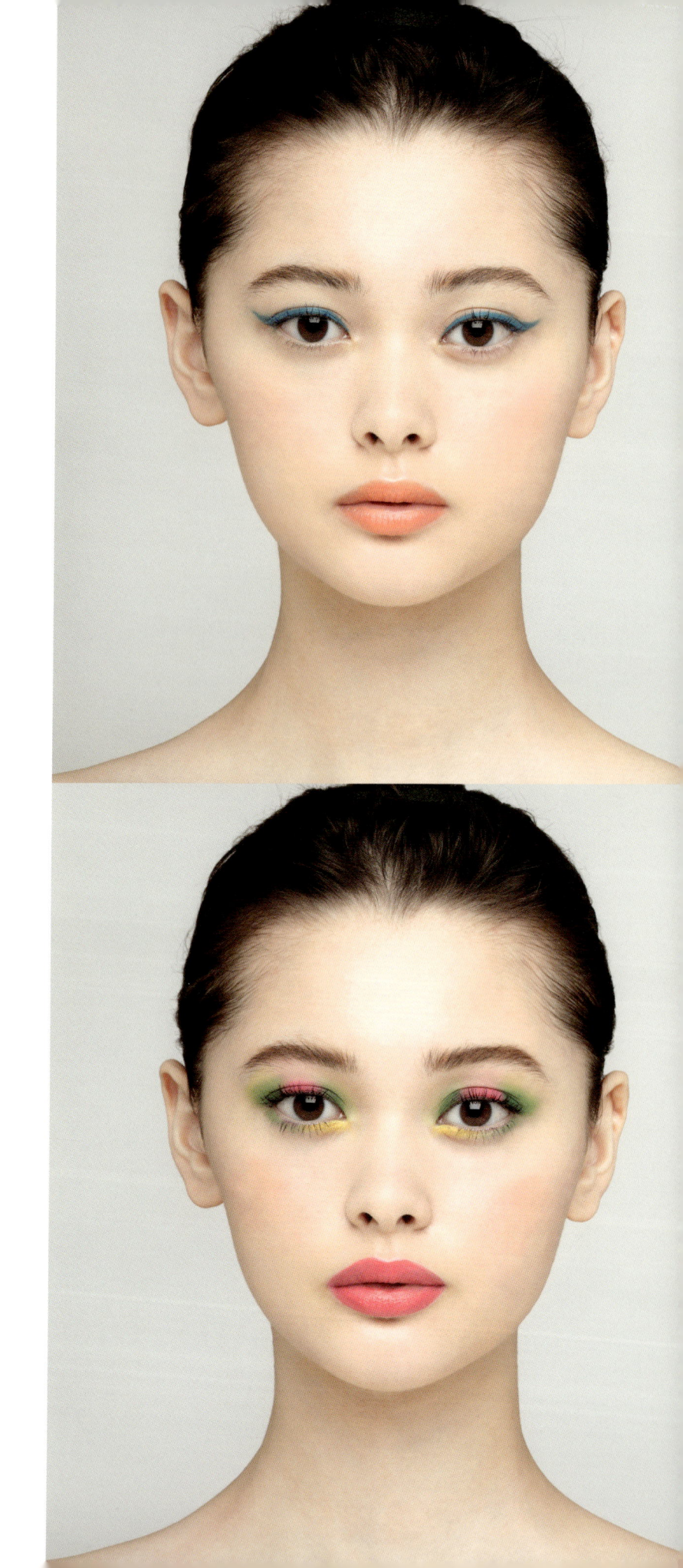

Question

色の組み合わせ方で印象はどう変わる?

多色使いのカラフルなメイクや、コントラストの強い色同士のメイクなど、色をはっきり感じさせる表現をしたいとき。どこから発想をスタートさせますか? 全体のバランスを、どのように取っていけばいいのでしょうか? ここでは補色や多色使いでコーディネートした、色使いに特徴のあるメイクの印象変化を見ていきます。メイクの色使いには正解も不正解もありません。とはいえ強い色同士や多色使いになるほど、まとまりのない表現やトゥーマッチになりやすいのも事実。そうならないために色の力関係や、色による収縮や膨張、強調などの効果を理解していきましょう。色の力バランスをコントロールできるようになれば、より積極的に様々な色を組み合わせていけるようになります。

Chapter. 2 ｜「メイクによる印象操作」を知る　079

― 11. IMAGE MAKE-UP ―

Exotic
<mark>エキゾチックな色使い</mark>

Modern
<mark>モダンな色使い</mark>

A 色温度が高い、
　　補色の組み合わせ

B シックで大人っぽい
　　補色の組み合わせ

ターコイズブルーの目元とオレンジの口元という、補色的な組み合わせのメイクです。このような強い色同士は、<u>力バランスをどう取るかが重要。顔立ちに合わせて、入れる分量や幅を細かく調整</u>します。このモデルは顔が短く、ラインがそのままはっきりと出るフラットな目なので、クリアなブルーのラインを上まぶたにだけ太く入れ、色の存在感を際立たせました。組み合わせる口元のオレンジは色温度をやや落とし、全体の温度が上がり過ぎないようにしました。チークは淡いピンクをふんわりと入れて、全体のバランスを取ります。

パープルの目元とイエローの口元の組み合わせです。強さと重さが大きいのはパープルなので、クリアなパープルのグラデーションで目元を強調するコーディネートにしました。<u>黒のラインを入れると色のきれいさが薄れるので、パープルの濃淡のみで深みとスケール感を出しています</u>。リップはビビッドな色ではなく肌になじむペールイエローにして、全体をモダンな印象にしました。眉にも強さを出すとトゥーマッチになるので、毛流れを整える程度に。退廃的になり過ぎないように、チークはオレンジで健康的にします。

HOW TO　肌はナチュラルなツヤ肌に仕上げる。ターコイズブルーのペンシルで太めのラインを描き、その上にターコイズのシャドーを重ねる。リップはやや落ち着いたオレンジでふっくらと立体的に描く。チークは目や口元に同調しないように、淡いピンクをふんわりと入れて。

HOW TO　眉は毛流れを整えて、存在感を弱めておく。クリアなパープルをチップに取り、目の際からアイホール全体にグラデーションでぼかし広げる。目頭にはゴールドを入れる。リップはグリーンがかったペールイエロー。チークはオレンジをソフトに入れて、目元を際立たせる。マスカラは赤紫で。

— 11. IMAGE MAKE-UP —

Contrast
対比の強い色使い

Colorful
カラフルな多色使い

C コントラストのある色使い

赤と緑という、補色関係の中でも強い色同士の組み合わせです。まずキーカラーであるピンクレッドを目の中央に置き、バランスを考えながらグリーンを目頭と目尻に置きました。膨張色のピンクレッドと、収縮色のグリーンの色効果で、目に立体感が出ます。さらに下の目頭にハイライト効果を出すイエローを入れてバランスを取りました。口元はピンクレッド。チークは肌なじみのいいピンクで、全体のトーンを整えます。同等の力バランスを持つ色同士で、膨張と収縮の効果を考えた色の配置をしています。

HOW TO 上まぶたの黒目中央に、赤とピンクをミックスしたシャドーを乗せ、二重幅より広めにぼかす。両サイドはグリーンをぼかす。下まぶたの目頭にパール感の強いイエローを入れる。マスカラは黒で引き締める。リップはピンクレッド。チークは肌なじみのいいピンクで。

D カラフルな多色使い

イエロー、オレンジ、ブルー、グリーン、ピンクの5色を用いたカラフルな多色使いメイク。色の持つ元気さで、かわいい印象を出しました。ここではオレンジをダブルライン的に使うことからスタート。このオレンジを際立たせるために、アイホールの内側にはイエローを入れ、外側はブルーとイエローを眉にかかるまで広げます。下まぶたはイエローと、締め色としてのグリーンを配置。オレンジとグリーン以外は広範囲に広げています。口元は青味のあるペールピンクで色温度を抑えて、目元に視線が集まるようにしました。

HOW TO まずキーになるオレンジから。練りのフェイスカラーのオレンジを筆に取ってアイホールにラインを描き、上にアイシャドーを重ねる。その内側にイエロー、眉頭にブルー、目尻の下にグリーンのアイシャドーを入れ、最後に全体をイエローでつなぐ。リップは青味のあるペールピンク。チークはオレンジ。

— 11. IMAGE MAKE-UP —

make-up   *hair*
Exotic ✕ Airy Bob

**軽やかなボブを合わせて
アイラインの
色を際立たせる**

ターコイズブルーのアイラインが目元の強さを感じさせるP80のAのメイクに、ラフで軽やかな質感のボブを合わせました。強いメイクに強いヘアという組み合わせもありますが、ここで強調したかったのは、メイクのきれいな色味。あえて柔らかくナチュラルなヘアを合わせ、その対比によって、目元が際立つ効果を狙っています。

MAKE-UP → **A**

— 11. IMAGE MAKE-UP —

HAIR STYLE × イメージメイクアップ

make-up   *hair*
Colorful ✕ Outward Curl

カラフルなメイクに
外ハネ＋ロールバングで
ポップなイメージ

P81のDはカラフルでグラフィカルなメイクです。ここにスリークな質感の外ハネボブを組み合わせました。ロールしたバングでおでこを広く丸く見せて、かわいくポップなイメージに。今回はメイクとヘアの相乗効果で、ポップな表現にしましたが、もしメイクを前面に押し出したいなら、ミニマムなヘアを合わせる選択肢もあると思います。

MAKE-UP → **D**

Chapter. 2 | 「メイクによる印象操作」を知る   083

no. 12

IMAGE MAKE-UP

春夏秋冬を
意識したメイク

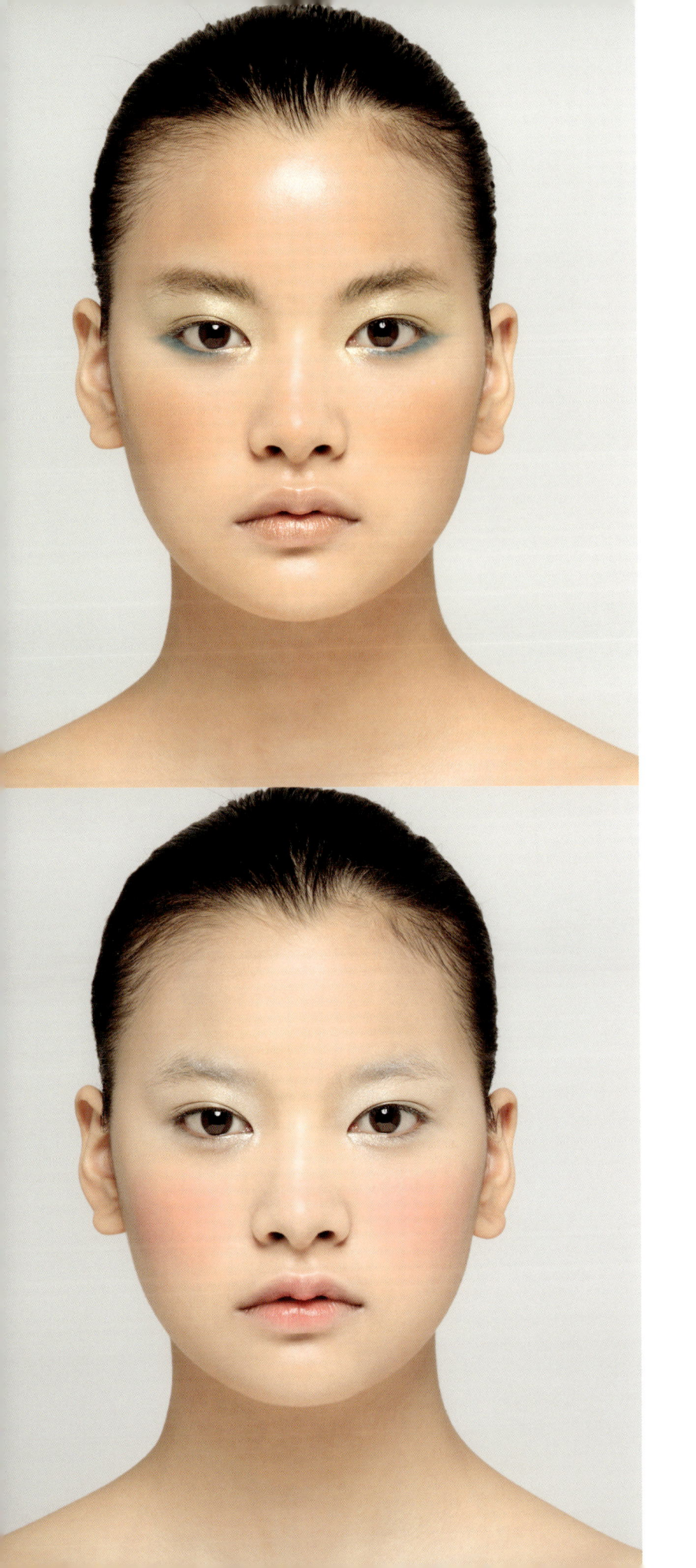

Question

メイクで温度や空気感、季節感は表現できる?

ここでは「色温度の変化」を裏テーマに、春夏秋冬それぞれの季節をイメージしたメイクをみていきます。ここで言う「色温度」とは、メイクによって表現できる温度や空気感のこと。例えば春は「軽やかで柔らかく、明るく暖かい」。夏は「ギラギラとした強い日ざし」、逆に「水をイメージした瑞々しさ」。秋は「穏やかな深み」、「スモーキーでシックな色あい」。冬は「冷たく乾いた空気」、「雪」や「白」などが考えられます。色温度が高過ぎると、いわゆる「暑苦しい顔」やトゥーマッチな印象に。逆に低すぎると「不健康」や「冷たい」印象にもなります。色温度を意識していくことで、それぞれの季節に相応しい温度や空気感を作り出していることに着目してください。

— 09. IMAGE MAKE-UP —

Spring
春

Summer
夏

A パステルの寒色系＋ピンクで、爽やかさと元気さをプラス

B 日焼け肌＋エキゾチックなアイカラーで色温度を上げる

春のイメージは暖かさ、明るさ、柔らかさ、爽やかさ、ハッピー感などが挙げられます。その色温度をパステルの多色使いで表現しました。上まぶたにパステルブルーとグリーンの寒色系、下まぶたにはピンクを使って「爽やか」「スイート」だけではないバランスにしています。パステルはふわっとさせ過ぎると大人しくなってしまうので、メリハリのある多色使いにしました。

HOW TO 肌は透明感のあるハーフマット。上まぶたから眉毛にブルーとグリーンのアイシャドーを広げ、下まぶたはピンクで。目頭と下まぶたに白のインサイドラインを入れる。マスカラは黒でたっぷりと。チークはオレンジを丸くぼかし、口紅は彩度の高いピンクで輪郭をにじませるように。

肌は夏の日射しを感じさせる、日焼けしたようなブロンズ肌。上まぶたはゴールド、下まぶたにはターコイズ、下まぶたの目頭にはゴールドのアイシャドーを入れ、ツヤのある仕上がりにしました。エキゾチックで、温度の高い夏らしさを印象づけています。くすみのないハイライト的なゴールドにすることで洗練された雰囲気に。マスカラやアイラインなど、黒色は極力入れないようにしています。

HOW TO 日焼けしたようなブロンズ肌にする。アイホールにクリームタイプのゴールドを広げ、その上からゴールドのシャドーを上まぶた全体に重ねる。下まぶたはクリームタイプのターコイズで目頭は抜く。目頭のコーナーにゴールドを乗せ、眉はゴールドブラウン。チークはカッパー系。口元はゴールドベージュをなじませる。

— 09. IMAGE MAKE-UP —

Autumn
秋

Winter
冬

C 深みのある色の組み合わせで、シックな秋の雰囲気を

肌はややハーフマットな質感に仕上げます。スモーキーでシックな色を組み合わせ、深みのある、秋らしいノーブルでクラシカルな雰囲気にしました。ブラウンのジェルライナーを目の際から広範囲にぼかし広げ、グレイッシュブラウンのアイシャドーを重ね、最後にグレイのリキッドライナーでラインを際立たせています。リップはパール感のあるブラウンでふっくらと描き、女性らしくシックに。

HOW TO 肌はハーフマット。上まぶたはブラウンのジェルライナー＋グレイッシュブラウンのアイシャドーとリキッドライナーで締める。下まぶたはブラウンのペンシルでラインを描き、アイシャドーで涙袋上にぼかし広げる。眉は山を外側に出し、長めに描く。チークはブラウンレッドをシャープに入れる。リップはブラウンパールで曲線的に描く。

D 白でトーンを統一し、冬の冷たく乾いた空気感を出す

冬の冷たい空気感を白っぽいトーンの肌と目元で演出。白いシャドーを目周りの広範囲にぼかすことで、柔らかくフラットな印象に。目頭は強い白パールで光を集めて、白のワントーンの中に強さと立体感を出しました。ただし全体的に白いトーンだけでは血色が悪くなるので、リップとチークは内側からにじみ出るような彩度の高いレッドを。マスカラやアイラインなど、黒の要素は入れずに「白」を際立たせます。

HOW TO やや白めの肌に仕上げる。白いパールのアイシャドーをまぶた全体から眉上、こめかみ近く、涙袋からハイライトゾーンまで広範囲に広げる。目頭にはさらに強い白パールのシャドーを重ねる。マスカラ、アイラインはなし。チークはレッドを使い、寒い時に頬が自然に赤くなるイメージで。リップは赤を内側にポンポンと乗せてぼかす。

— 12. IMAGE MAKE-UP —

パステル系メイクに ショートバングで、 元気な軽やかさを

パステル調の軽やかな「春メイク」には、ヘアもふわっと軽いスタイルを合わせたい。動きや空気感も欲しいので、長過ぎず、短過ぎずのレングスが相応しいと考え、ウエーブのボブを組み合わせました。ショートバングにし、元気さをプラスしています。髪色もメイクに合わせて明るめにし、全体をふんわり軽やかなトーンにまとめました。

MAKE-UP → A

make-up *hair*
Spring ✕ Round Bangs

— 12. IMAGE MAKE-UP —

ブレイドを合わせて メイクのエキゾチックな 雰囲気を強調

夏らしく、色温度の高いエキゾチックなメイクには「土っぽいヘア」を合わせることも、「ウエットなオールバック」のように「都会的ヘア」を組み合わせることも考えられます。ここではエキゾチックなブレイドを選択。トップにポイントを作ったアシンメトリーなフォルムで輪郭をカバーし、毛先に抜け感を出して、バランスを取っています。

MAKE-UP → **B**

make-up　　　　　　*hair*
Summer ✕ Ethnic Braid

Chapter. 2 　「メイクによる印象操作」を知る　089

— 12. IMAGE MAKE-UP —

シックなメイクに
ゆるやかなウエーブで
クラシカルな印象に

秋らしいシックなメイクに同調させて、ヘアはエレガントなウエーブを選択しました。クラシカルな中にも、アシンメトリーでラフな質感が、今的なバランスのスタイルになってます。耳を出すことで軽さと立体感が生まれ、奥行感のある大人っぽさを演出しています。

MAKE-UP → C

make-up   *hair*
Autumn ✕ Classical Bob

090

— 12. IMAGE MAKE-UP —

ドライな質感のヘアでメイクの透明感を引き立てる

白を基調にした繊細なメイクなので、ヘアはこの透明感をどう引き立たせるかがポイントです。メイク的にはミニマムなヘアも合いますが、ここでは冬の「冷たい空気感」を表現したい。そこでドライな質感のワッフルヘアを選び、ファーの帽子を合わせることで「寒さ」を強調しました。乾いた風になびくような質感をつくり出しています。

MAKE-UP → **D**

make-up *hair*
Winter ✕ Cold Wind

Chapter.2 │「メイクによる印象操作」を知る 091

Think about EYE MAKE
アイメイクの考え方

ここからはパーツや項目ごとに、どのような視点で考えてゆけばいいのかを見ていきましょう。まずは顔のパーツの中で最初に目が行きがちであり、印象を決定する要素が大きいアイメイクからです。

EYE MAKE 01 ラインかグラデーションかで、強さが変わる

形あるものにはライン（輪郭）があります。左上はくっきりとしたラインの黒丸ですが、右に向かうにつれてギザギザのラインにしています。すると線の強さが弱まり、印象が和らぎます。ヘアで言えばブラントで切るか、チョップか、の違いに似ています。また各図形は下方向に向かうにつれ、輪郭に1トーン明るいグレイを被せてラインをぼかしています。輪郭がぼけると、やはり柔らかい印象に。これはメイクにも言えることで、直線的ではっきりしたラインにすれば輪郭の印象は強まり、グラデーションをつけたり、1トーン明るい色を被せてぼかせば、印象は弱まります。

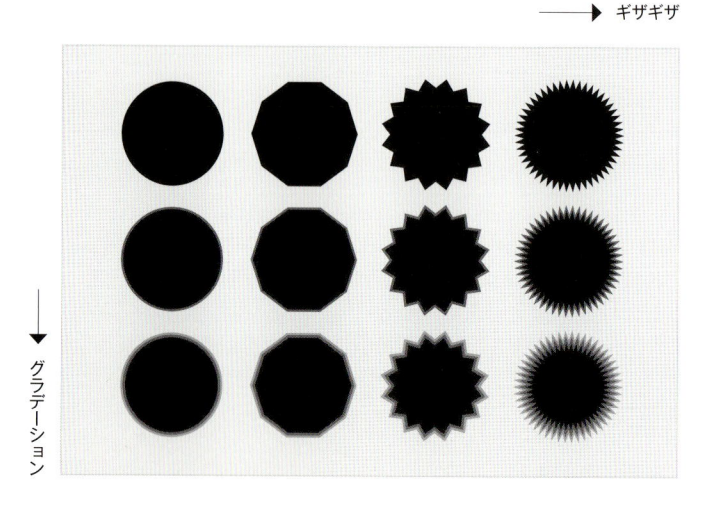

→ ギザギザ

↓ グラデーション

ライン主体のアイメイク

グラデーションをつけたアイメイク

EYE MAKE 02 粘膜にも入れるかどうかで、強さが変わる

アイラインには様々な入れ方があり、それによって目元の強さや印象は大きく変わります。意外に見落としがちなのが、アイラインを粘膜にまで入れるか、どうかの判断。目の形は個人差がありますが、粘膜の空間が空いているかどうかで印象がかなり違います。粘膜まで入れたほうがぐっと強い目元になり、逆に部分的にでも抜く部分を作ると、抜け感のある目元になります。目元を強調したい場合はラインを太くしたりアイシャドーをプラスする前に、粘膜を埋めることも検討しましょう。

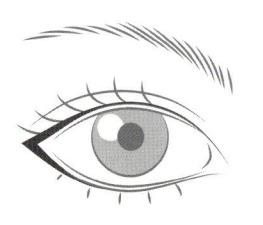

まつ毛の際にだけ入れる

中央部の粘膜を抜いているアイライン

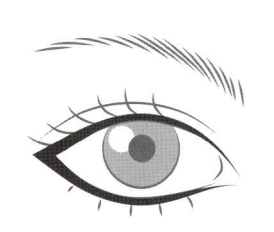

粘膜にも入れる

粘膜にも入れているアイライン

EYE MAKE
03 目尻と眉尻の描き方で、目元のスケール感が変わる。

A

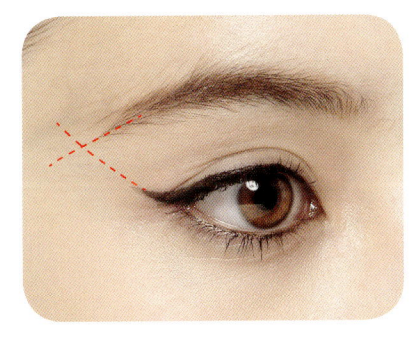

目元のスケール感の目安

アイラインの目尻の延長線と、眉尻の延長線が交わる範囲が、目元のスケール感の目安となる。

B

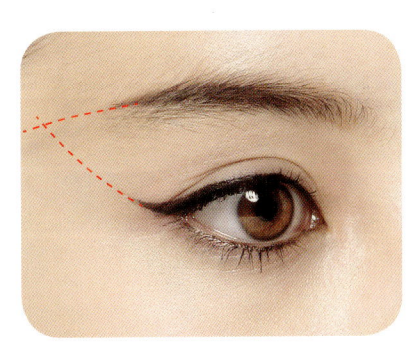

目元のスケール感が大きい

アイラインの延長線と眉尻の延長線が、Aの写真よりも高く遠い位置で交わると空間が拡がり、目元のスケール感が大きくなる。

EYE MAKE
04 アイラインの入れ方で、視線が向く方向や安定感が変わる

A

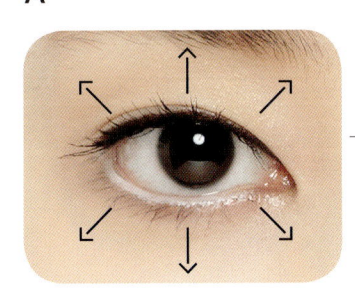

上・黒のインサイドライン
下・白のインサイドライン

目のフレームをはっきりさせないことで、目元にふわっとした広がりが出る。

B

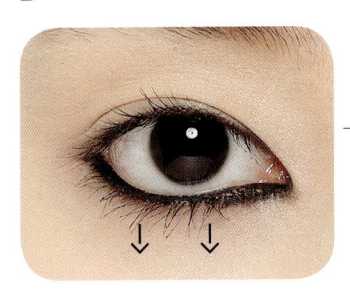

上・なし
下・黒ライン

下まぶたにだけ入れることで重心が下にさがり、少しミステリアスな印象に。

C

上・黒ライン
下・茶ライン

上まぶたの上昇線に対し、下まぶたの茶は「受け」の役割で、斜め上昇の広がりが出る。

D

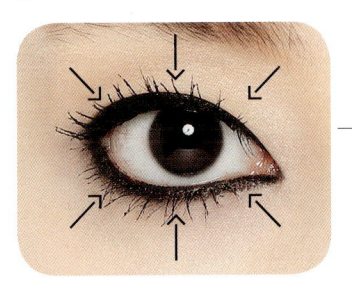

上下・黒ライン囲み

太めの囲みアイラインは視線が固定されて強い印象。細いと収縮を感じさせることに。

Think about **CHEEK, EYEBROW, and RIP**
チーク、眉、リップ

アイメイク以外のパーツの違いでも、印象は様々に変化します。ここではチークを入れる位置と形の違いと、眉とリップのラインや形の差が生み出す印象変化を見てみましょう。

CHEEK
01 チークの入れ方で、パーツの位置や印象が変わる

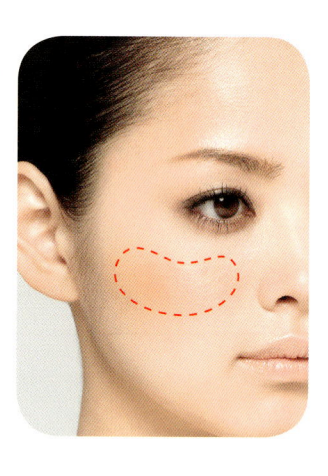

A 横に広げて入れる
頬の高い位置から横に広げるように入れると、素朴で健康的なイメージ。

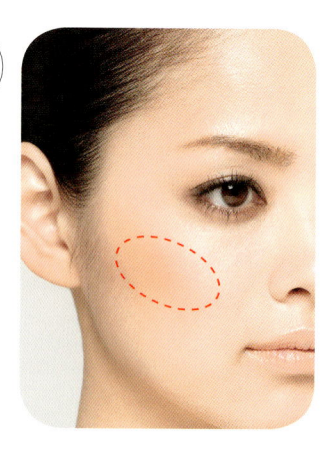

B 頬骨に沿った楕円形
スタンダードな入れ方で、輪郭がすっきりと大人っぽく見える。

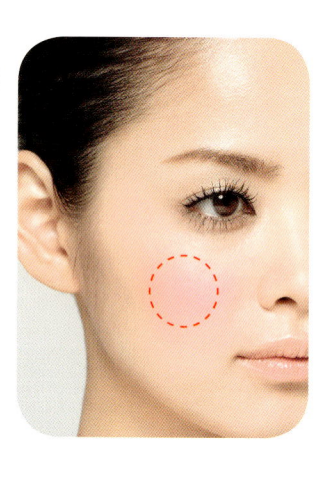

C 中心に丸く入れる
頬骨中心に、彩度の高い色を丸く入れると、幼くかわいらしい印象に。

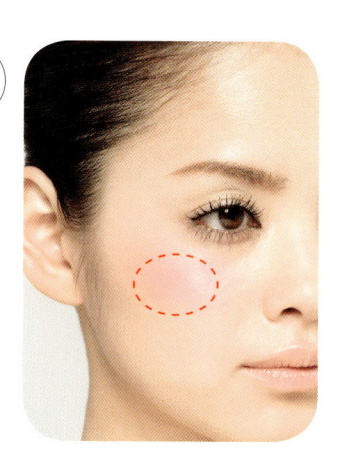

D 高めの位置に入れる
ポイントが上がった分、「かわいい」に「ハツラツ」「元気」がプラス。

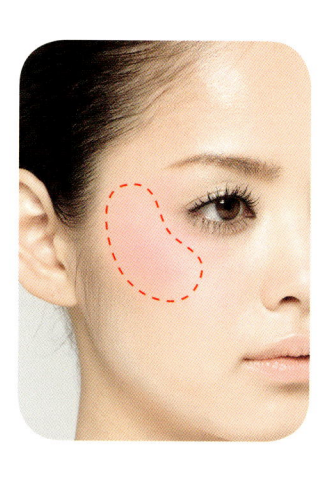

E こめかみ付近から入れる
こめかみ付近に赤味を感じると、東洋的表現となり、和装メイクの雰囲気に。

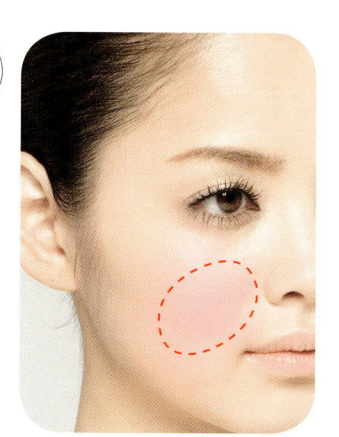

F 小鼻横に入れる
重心が下にさがり、顔の下側が強調される。

G 高い位置から鋭角に入れる

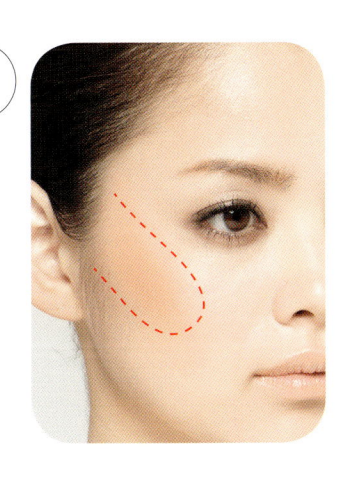

大人っぽくシャープだが、クラシックな印象になる。

H 頬骨の下側に入れる

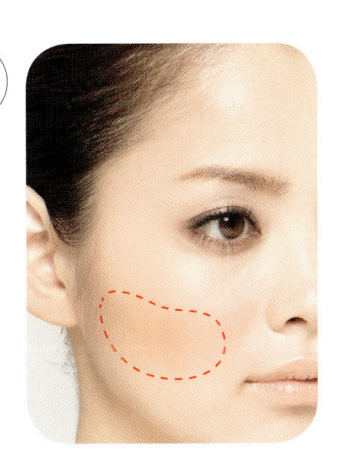

顔の下側が強調され、垢抜けない印象になりやすい。

EYEBROW&LIP

02 眉やリップの形によって、印象が変わる

A
シャープな眉と直線的な輪郭のリップ

眉山をはっきりさせた眉と、直線的な輪郭のリップで、シャープで意思的な印象。

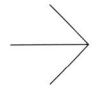

→

リップをさらに直線的に変えると？

眉も口元も直線的過ぎて、やや昔風の印象になる。

B
長めアーチ眉と曲線的なリップ

大人っぽい長めのアーチ眉に自然な曲線のリップで、女性らしく上品な大人顔。

→

リップをさらに曲線的に変えると？

リップをアウトカーブさせると色っぽさが出るが、品を失いやすい。

Think about **COLOR & FORM**
色温度と形の考え方

ここでは全体の色や形そのものにも、それぞれ「重さ」「強さ」「広がり」「イメージ」などがあり、その力関係を活用することで印象が操作できるということを見て行きましょう。

Color & Form
01　色によって、重さと強さの印象が異なることを活用する

■ イッテンによる調和の取れた面積比の色相環

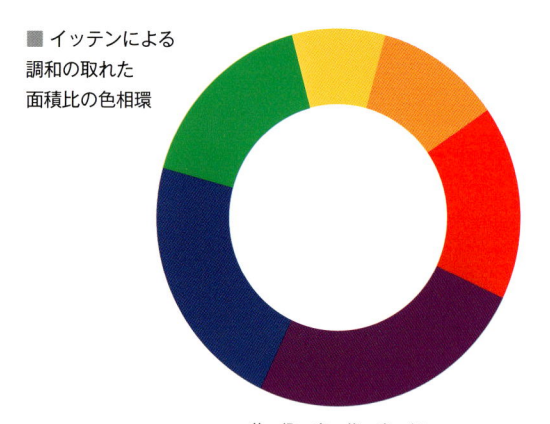

黄・橙・赤・紫・青・緑
＝3：4：6：9：8：6

■ バランスのとれた面積比

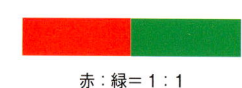

赤：緑＝1：1　　青：橙＝1：2　　紫：黄＝1：3

「色相環」というと、隣合わせの色や反対色（補色）の関係を示した「マンセル色相環」がおなじみですが、こちらは「色には異なる重さ(強さ)がある」ことを示したイッテンの色面積比の色相環です。例えば、赤と緑は同等なので、1：1の同面積で釣り合います。しかし青とオレンジでは、寒色系の青は暖色系のオレンジよりも重さを感じさせる色なので、オレンジより少ない面積にすることでバランスが取れます。メイクでは色の重さ、強さを念頭に置きながら色の組み合わせを考えていくことで、色温度や印象の強弱のコントロールをしていきます。

Color & Form
02　目の錯覚効果や、形が持つイメージを活用する

■ メイクで活用される錯覚の効果

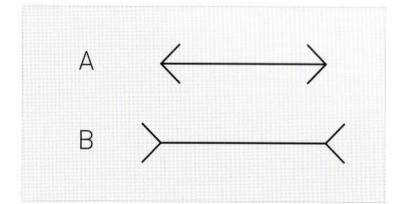

実は中心線の長さは同じ。しかし端の向きで視線が外側に引っ張られるため、Bのほうが長く感じる

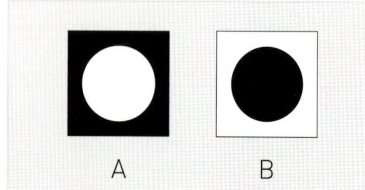

中心の丸と囲んでいる四角形はどちらも同じ。しかしAの白丸×黒四角のほうが、丸が膨張して見えるため大きく感じる。

■ 形が持つイメージ効果

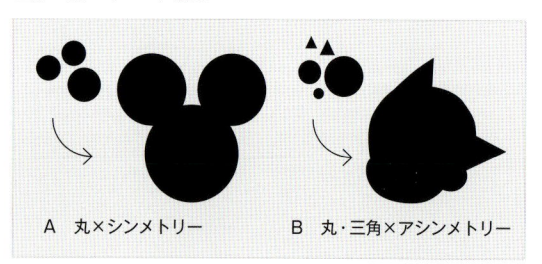

A　丸×シンメトリー　　B　丸・三角×アシンメトリー

A：「丸」と「シンメトリー」という、どちらも「かわいい」「安定」をイメージさせる要素でミッキーマウス風のシルエットを表現。
B：「三角形」「アシンメトリー」という、どちらもシャープさを感じさせる要素で、アトム風のシルエットを表現。

■ ヘアスタイルへの応用例

A

曲線 × シンメトリー

ふわふわしたカールの曲線をシンメトリーなシルエットで構成して、かわいらしさ、キュートさを表現。

B

直線 × アシンメトリー

直線的に斜め下に流れるアシンメトリーなフロントで、大人っぽさ、クールさを表現。

Color & Form

03 色とラインの力バランスで、色温度が変わる

■ 黒リップのみのメイク

アイメイクをプラスすると？

A

A'ではアイメイクをプラスすることで、色温度がぐっと上がった。バランス的に、ここにヘアスタイルの要素が組み合わさってくると、トゥーマッチになる可能性が高い。

A'

■ アイメイクと口元が5：5

色調を変えると？

B

B'の目元と口元の力関係はBと同様の5：5。しかし、アイシャドーとリップを同色系にしたため、全体の色温度が上がった。淡い色同士だが、調和させ過ぎて色温度が上がり過ぎた例。

B'

■ 深紅のリップに抜け感の目元

アイメイクをプラスすると？

C

Cにアイメイクをプラスし、リップにツヤも加え、チークもやや濃くしたのがC'。全体の色温度がぐっと上がり、フルメイク感が強まった。

C'

■ 強いアイメイクと淡い口元

リップの色を変えると？

D

リップの色味をDのヌーディ色から、D´はやや温かみのある色に変えただけ。色温度が上がって抜け感が減り、やや重い印象にシフトした。

D'

Chapter. 2 「メイクによる印象操作」を知る 097

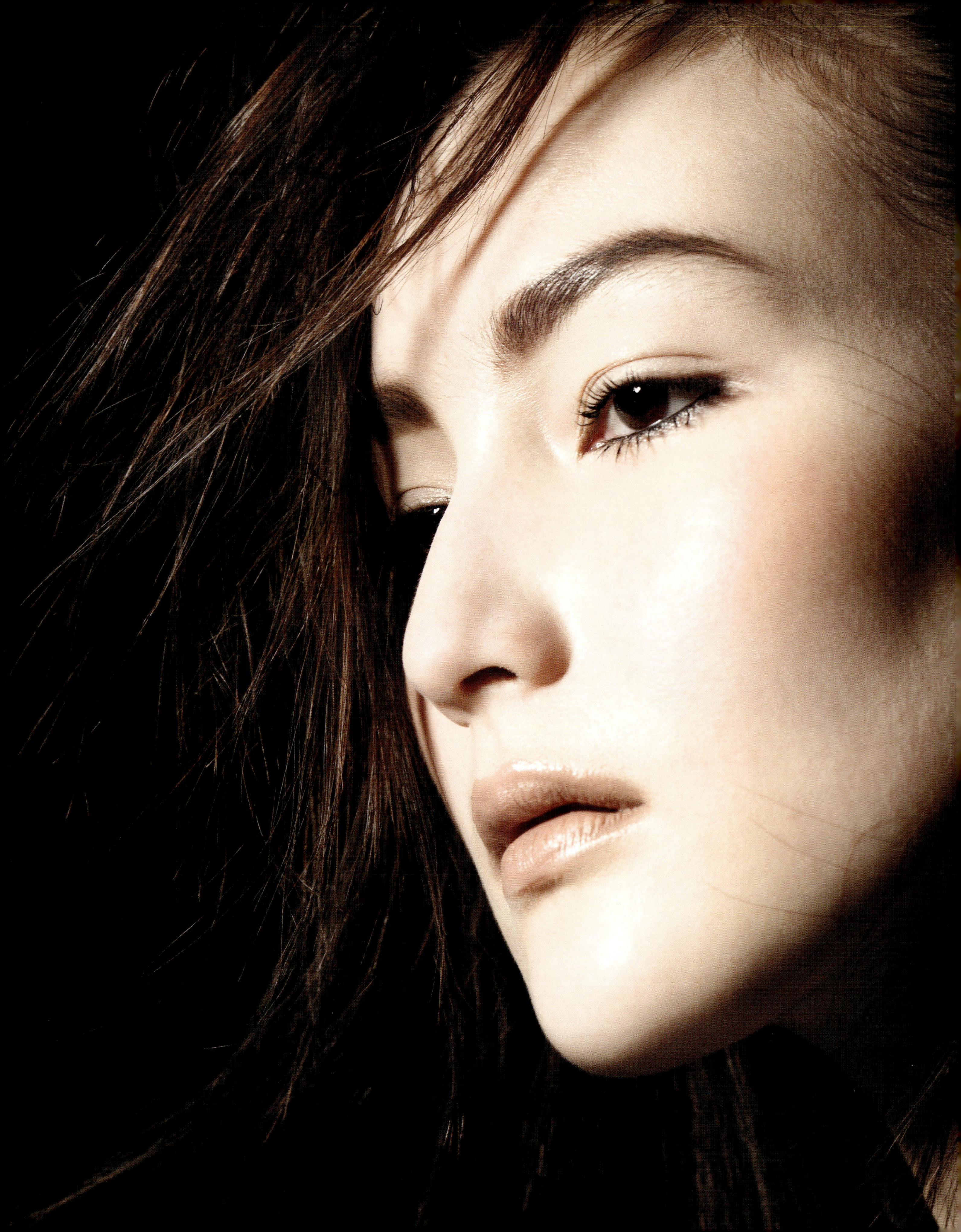

Chapter. 3

「メイクとヘアの
マッチング」を考える

P18〜P97までは、主にメイクによる印象変化を解説してきました。アイラインの描き方、眉の形、チークの位置、リップの色etc…ほんのわずかなメイクの違いでも、顔は様々な印象に変化することが掴めたのではないでしょうか。しかし、ここにヘアスタイルが組み合わさったとき、同じメイクでもまるで違う印象になることがあるのです。

ヘアスタイルを構成するレングスやライン、ボリューム感、カラー、バングの形や厚みなどの要素は、メイクと同様「強さと重さ」を感じさせる力を持っています。そのため、ヘアとメイクが組み合わさったとき、双方の力が引き合って、強さと重さ、温度に変化が生じます。より印象が強くなることもあれば、打ち消し合ったりトゥーマッチな印象になることもあります。メイクは顔の内側だけの印象操作ですが、ヘアは顔の内側と外側の両方に影響を及ぼすので、より大きな力になる可能性もありえるのです。ヘアとメイクによる表現では、ヘアが持つ力、メイクが持つ力の両方を理解し、求めるイメージに向かってその「足し引き」のバランスを考えていくことが最も大切。そしてこの力関係は時代によっても変化することを意識しましょう。

ではここからは、メイクにヘアを組み合わせたときに、どんな印象変化が起きるのかを見ていきましょう。

Bang Line × Eye Make

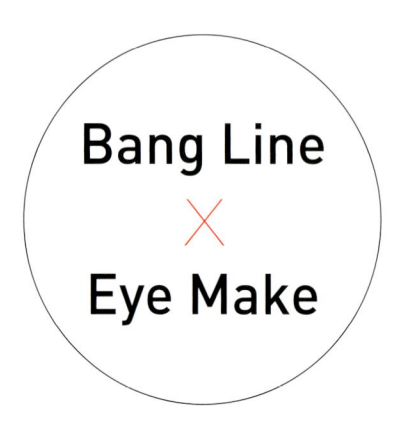

バングとアイメイクの関係

バングとアイメイクは隣合わせの位置にあり、互いに大きく影響を与え合う関係です。
バングの広さ（幅）、長さ、ライン、厚みと重なり（立体感と透け具合）などによって、同じアイメイクでも違った見え方をしてきます。アイメイクはバングとのバランスで、足し引きを考えることが大切です。目周りにはバングのフレームラインと目元のライン（眉やアイラインなど）の両方が存在することになるので、この２つのラインがぶつかり合うのか、なじむのか、をまず考えましょう。互いに引き立て合う組み合わせもあれば、打ち消し合う組み合わせも存在します。今のように目をしっかりと強く描くメイクが主流の時代は、目とバングのバランスを取るために眉をどう調整するかがキーポイントになります。
ここでは「直線」「ラウンド」「立体感」の３つのカテゴリーのバングを例に、バングとアイメイクで印象がどう変わるのかを探っていきましょう。

1/Bang STRAIGHT
直線的ラインのバング

2/Bang ROUND
曲線的ラインのバング

3/Bang LAYER
立体感のあるレイヤーバング

1 / Bang　STRAIGHT
直線バング

直線的でラインのはっきりしたバングは、線の印象がとても強くエッジが効いているので、眉を見せるか見せないかによって、目元の見え方が大きく変わります。ここでは太めのハネ上げアイラインを合わせていますが、Aの眉が隠れたバングと組み合わせるとバングの直線がアイラインをより強調し、目元の強さが際立った印象に。しかし同じバングでもBのように長さを短くして眉を出すと、バングのラインと眉、アイラインに力が分散されてしまい、目の印象が弱まります。が、Cのように眉色を薄めてみると、再び目に強さが戻ります。ショートバングでも眉を弱めることで力の配分にメリハリがつき、目にポイントを集めることができるのです。

2 / Bang ROUND
ラウンドバング

ラインのはっきりしたラウンドバングに、マスカラをたっぷりつけて目のラウンド感を強調したアイメイクを組み合わせました。Aのように眉を隠すと、バングのラウンドと目のラウンドの相乗効果で、より丸みが増し、穏やかな印象を与えると思います。それに対し、バングを短くして眉を出したのがBです。眉の存在感がはっきり出てくるので「直線バング」のBと同様、バング、眉、目の3つに視線が分散され、少しバングの印象が弱まります。しかしCのように眉を薄くすると「直線バング」のC同様、再び目に視線が集中します。目元がBよりすっきり見えて洗練されかわいい印象です。強いラインのバングには、眉の強さのコントロールが重要なのです。

3 / Bang　LAYER レイヤーバング

レイヤーの重なりあった重めバングに、ややダークなアイシャドーでグラデーションのアイメイクを組み合わせました。Aはバングの重さが影になって、ダークな目元がより重い印象になり、少し暗い印象を与えます。そこでアイメイクのグラデーションの幅を少し減らして、軽くしたのがB。目元がAよりもクリアになったことで、全体の印象が軽くなりました。さらにCのようにバングを短くするとより軽さが出て、Aよりずっと快活な印象を与えます。このように、バングとアイメイクの関係はラインや幅だけでなく、重なりによる影も計算に入れなければなりません。ツバのある帽子を組み合わせるような表現のときも、同様の配慮が必要です。

Chapter. 3 ｜「メイクとヘアのマッチング」を考える　103

SHORT / *Length*

マニッシュなショート とメイクの関係

hair style

- Ⓐ ▶ スリーク / コンパクト / モダン
- Ⓑ ▶ 動き、ラフ / ワイルド

make-up

- ⓐ ▶ クリア / キュート / ペールピンク
- ⓑ ▶ スモーキー / 大人っぽい / ワントーン

1
A a

3
B a

ヘアとメイク、どちらかの変化だけで印象は大きく変わる

ショートヘアはもともとマニッシュでモダンな印象を与えやすいヘアスタイルです。ここではAの面構成でコンパクトなショートと、Bのラフな動きとボリューム感を持つショートに、異なる2種類のメイクを組み合わせています。

aは上まぶたのくっきりしたアイラインとマスカラのみのアイメイクで、目元をクリアにしました。口元は青味ピンク、チークは血色を感じさせる色で、モデルがもともと持つマニッシュな雰囲気にキュートさをプラスしています。それに対しbは、スモーキーなブラウンのグラデーションで目元に深みを出し、ベージュブラウンのリップを合わせたワントーンメイク。それだけではやや不健康に映るので、チークはオレンジブラウンにして血色感をプラスしました。aに比べるとぐっと大人っぽく、女性らしさを感じると思います。

この4つの組み合わせを見てみると、1と3、2と4ではヘアスタイルに関係なく、aのメイクを合わせたほうがよりキュートな雰囲気、bのほうが大人っぽく女らしい印象ではないでしょうか？同じショートでも、メイク次第で大人度がだいぶ変化して見えると思います。

印象を変えたいとき、すべてを変える必要はありません。ヘアとメイク、どちらかを変えるだけで印象はかなり変わります。これを理解することで「抜け感」や「絶妙なバランス」を作りだせるようになります。特にショートヘアの場合は、髪の面積が少ない分、よりメイクの印象に引っ張られる傾向にあるので、メイクによるコントロールが重要です。

Chapter. 3 | 「メイクとヘアのマッチング」を考える

BOB /*Length*

バングレスなボブと メイクの関係

hair style

| A | ▶ | ストレート
サイドパート
シャープ |
| B | ▶ | ウエーブ
センターパート
柔らか |

make-up

| a | ▶ | ブライト
フレッシュ
ライムグリーン |
| b | ▶ | ディープ
知的
カーキ |

1
A a

3
B a

メイクの色温度や重さで、ヘアとメイクの存在感が変化する

バングレスなボブは、質感やラインによってソリッドな雰囲気にも、フェミニンにもなるスタイル。レングスが長い分、ショートよりもヘアの存在感が増します。ここではAのシャープでタイトなボブと、Bの柔らかでラフなウエーブボブに、異なる2種類のメイクを組み合わせています。

aは彩度の高いライムグリーンのアイシャドーを使った目元に、コーラルピンクのリップとチークを合わせた、明るくフレッシュな印象のメイク。アイラインは上まぶただけにし、抜け感を出しました。色温度は高いのですが、重さは感じさせない組み合わせです。それに対しbは、ディープなカーキのアイシャドーを使い、メリハリのあるグラデーションの目元に、淡いオレンジベージュのリップとオレンジのチークを組み合わせて、目元の深みを強調しています。

この2つのメイクは、どちらもグリーン系の目元＋オレンジ系のチークとリップという組み合わせ。しかし1〜4を比べたとき、aのメイクの1と3のほうはヘアの印象、bのメイクの2と4はメイクの印象をより強く感じませんか？ これはメイクの色温度や重さの違いで、ヘアとメイクの力関係が変わったためです。一般的にaのように高彩度、高明度のほうは色温度が高く、bのように低明度、低彩度は色温度が低く感じます。ただし色温度が高くても、aのようにパステル色は重さを感じません。逆にbは色温度が低いうえにグラデーションの深みも加わり、aよりも重さを感じさせます。そのため、aよりもbのほうがメイクの印象が強まったのです。

Chapter. 3 ｜「メイクとヘアのマッチング」を考える　107

LONG / *Length*

センターパートの
ロングとメイクの関係

hair style

| A | ▶ | クリーン
ヘルシー
シャープ |
| B | ▶ | 女性らしい
ラフ
ゴージャス |

make-up

| a | ▶ | クリア
ヘルシー
レッド |
| b | ▶ | 低明度
クール
ネイビー |

1

A a

3

B a

髪の面積が増すと、ヘアによる印象の影響が強くなる

ロングはもともと女性らしさを感じさせるレングス。ここではセンターパートのストレートAと、ボリューミィなウエーブBの2種類に、2つのメイクを組み合わせました。

aは赤リップがポイント。目元はマスカラと下まぶたの白のインサイドライナーのみでクリアな印象にし、口元に視線が集まるようにしています。チークはピンクでヘルシーなかわいらしさを出しました。bはネイビーのアイカラーで深みを出した、クール＆シャープな目元です。眉を弱め、チークとリップは色を抑えたベージュにすることで、目の存在感を高めました。もし口元やチークに赤味を持ってきたら色温度が上がり、ここまで目元が際立ったりクールな印象にはならないでしょう。この2つのメイクでは、aは口元＝下、bは目元＝上にポイントがある、という特徴があります。下にポイントがあると「かわいい」「女っぽい」印象が強まり、上にポイントがあると「強い」「シャープ」な印象がより強調されるのです。

ではヘアを組み合わせるとどうでしょうか？　aのメイクにヘアBを組み合わせた3は、1のクリーン＆ヘルシーな印象より、かわいらしく女性的な印象に。bのメイクにヘアBを組み合わせた4は、2のクール＆シャープよりも、グラマラスな印象に近づくと思いませんか？　髪の面積が増えるにつれてヘアの存在感＝強さや重さは強まります。メイクを組み合わせるとその振り幅はさらに広がりイメージが変化します。長さやボリューム感があるヘアになるほど、メイクとのバランスをよりいっそう考えていく必要があります。

Chapter. 3　「メイクとヘアのマッチング」を考える

Chapter.4
「ヘアとメイクの イメージ操作」を 考える

コンテストのための作品撮りやホームページのスタイル撮りをする場合、美容師ならばまず、最初に作りたいヘアデザインと女性像をイメージし、その後で、そこにマッチングするメイク、という順番で考えていくことが多いのではないでしょうか？　もちろんヘアとメイク、どちらを先に考えても構いません。大切なのは、Chapter.3で述べたように「メイクとヘアは互いが影響し合い支え合って、バランスをとっていくもの」という視点です。
そこでこの章では、実験的に「キュート」「グラマラス」「ピュア」「シャープ」という4つのイメージワードを「ヘアから発想してみたヘア＆メイク」と「メイクから発想してみたヘア＆メイク」の2つで表現してみました。同じイメージに向かっているのに、2つはだいぶ違う表現になっていると思いませんか？　これは最初の出発点＝「一番表現したいこと、ポイントにしたいこと」を起点にし、これを軸にバランスを取っていく設計をしていった結果生まれた表現の違いです。その思考経路に着目してみてください。
重要なのは、ヘアでもメイクでも「自分が一番表現したいこと、はずせない要素は何か？」をクリアにし、それを軸にバランスを取っていくという考え方です。その思考経路ができれば、ポイントを明確にするために、時には大胆に引く、削る、という発想も生まれます。

Chapter. 4 ｜「ヘアとメイクのイメージ操作」を考える

Image Keyword

CUTE

Idea Creation

Hair Style → Make-up

ショートバング、丸み、柔らかな動きの「かわいいボブ」から発想

かわいいヘアとして今回表現したかったのは、ショートバングのボブ。かわいらしさを強調するために柔らかい動きと軽い質感、丸さをポイントにしました。ヘアの柔らかさに合わせて、メイクもパステル調で可愛らしさを強調。全体がぼやけてしまわないよう、マスカラをたっぷりつけて元気さもプラスしています。もしメイクの色味がなかったりラインなどで強さを足したら、どんなイメージに変化するのかも考えて見て下さい。

Chapter. 4 ｜ 「ヘアとメイクのイメージ操作」を考える

Idea Creation

(Make-up) → (Hair Style)

キュートなメイクとして「カラフルなダブルラインで表現」からスタート

「ダブルラインを色にしたらかわいいはず！」からの発想です。ダブルラインの曲線と色のかわいさでキュートを表現。チークとリップは目もとを引き立たせるためにオレンジでバランスを取りました。メイクがグラフィカルなので、ヘアは逆にシンプルに。あえてタイトなベリーショートを合わせてメイクを際立たせました。ただしフェイスラインにフィンガーウエーブの要素を少し入れ、曲線のかわいらしさをプラスしています。

Image Keyword

GLAMOROUS

Idea Creation

Hair Style → Make-up

ダイナミックなボリュームのウエーブから、グラマラスをイメージ

グラマラス=ボリューミィなウエーブロングがイメージですが、通常のウエーブだとフェミニンになり過ぎます。ヘアはカギ編みの質感で空気感のある大きなシルエットにし、エッジを効かせました。メイクはゴールドのツヤ感とパープルの艶っぽさでグラマラスに。チークはパール感のあるピンク、口元はゴールドベージュでバランスを取ります。もしメイクをボルドー系等にすると重くなり過ぎ、ヘアが活きてきません。

Idea Creation

(Make -up) → (Hair Style)

色温度を下げつつ、目元の深みとリッチ感でグラマラスに

「グラマラス」は「セクシー」や「エレガンス」に「強さ」をプラスしたい。そこで色調を抑えつつ、グラデーションで深みを出した目元で強さとリッチ感を表現します。冷たくなり過ぎないよう、リップやチークにほんのりと血色感をプラス。合わせるヘアは質感ミックス。前面をタイトにしてメイクを際立たせ、バックはボリュームを出して立体的に。この奥行感とウエーブのボリューム感がグラマラスな印象を作ります。

Chapter. 4 | 「ヘアとメイクのイメージ操作」を考える 115

Image Keyword

PURE

Idea Creation

(Hair Style) → (Make -up)

柔らかいドライ&ラフな質感ヘアで、ナチュラルな「ピュア」を演出

控えめなボリュームでナチュラルな毛流れ、手を加えてないような自然な質感のヘアが「ピュア」のイメージ。透け感バングと柔らかな後れ毛で空気感とニュアンスを出しました。メイクも力の抜けた自然なイメージで。ヘアがドライな分、メイクの質感には少し瑞々しいツヤをプラスしています。もし顔がぼやける人の場合は、リップのツヤやマスカラを少し加えます。

Idea Creation

(Make -up) → (Hair Style)

透明感があり、柔らかく瑞々しいメイクでピュアを表現

「ピュア」のメイクは透明感があり、瑞々しいイメージ。強さは出さず「素」の美しさを際立たせることを考えました。下まぶたのインサイドに白パールのラインで透明感を出し、マスカラは根元のみで目のフレームを整え、チークやリップも自然なツヤと血色感をチョイス。ヘアは作り込み過ぎないものがベスト。しかしストレートロングではヘアの強さに引っ張られるので、柔らかい質感でコンパクトにまとめています。

Chapter. 4 | 「ヘアとメイクのイメージ操作」を考える

Image Keyword

COOL

Idea Creation

Hair Style → Make-up

抜け感のある斜めバングで、シャープ過ぎないクール感を

クールなヘアのキーワードの一つが「タイトな斜めバング」。しかしタイト過ぎると「シャープ」になり過ぎるので、あえて質感を少し柔らかく、毛先に動きを出して抜け感を作りました。その分、サイドはタイトに。アシンメトリーな斜めバングは視線を下に向かわせるので、目や眉は上昇線を描いてバランスを取ります。リップを深みのある色にして少し女性らしさを加え、クールビューティな雰囲気を演出しています。

Idea Creation

(Make -up) → (Hair Style)

直線的で太く強い眉をポイントに、全体を線のイメージでまとめて

直線的で太く強い眉がクール感のポイント。上昇する強い眉に対して、目元も上昇し過ぎるときつい印象になるので、下まぶたのアイラインやマスカラで水平気味に抑えてバランスを取ります。チークとリップはベージュ系で控えめにし、目元を際立たせました。ヘアはオフザフェイスの縦長シルエット。リーゼント風の上昇ラインとストレートヘアで縦長を強調し、眉をポイントにしたメイクを引き立てています。

MASSAGE

僕は中学生の頃からヘア＆メイクアップアーティストになりたいと思っていて、高校でもデザインを専攻していました。最初は「ヘアメイクも、その延長の感覚でいけるんじゃないかな？」と考えていたんです。ところが仕事をスタートし、「人間の顔」に触れるようになって痛感したのは、「キャンバスに描くのとはまったく違う！」ということ。なぜ、自分のヘアメイクが、自分の思い描くイメージと一致しないのか？　何度もデッサンを描き、ウイッグで練習して準備万端で臨んでいるつもりなのに、撮影現場ではなぜかしっくりいかない…本当に悩みました。

いま振り返ると、僕は事前にデッサンやウイッグで「シミュレーションしたこと」を、現場でそのまま当てはめようとしていたんです。また無意識のうちに、勉強してきたデザインのセオリーを踏襲しようともしていた。つまり当時の僕は「予定したデザインを、予定通りに行うこと」に一所懸命だったわけですね。

そこに気づいたとき、とりあえず勉強したセオリーを一旦取り払って「純粋に素材を見る」ことから始めました。「この素材を美しくするには、何が必要？　イメージに近づけるには何を足して何を引く？」をとことん考える。…すると徐々に、それまでは気づかなかったものが、見えてくるようになったのです。パーツごとではなく、全体のバランスの中で足し引きを捉えられるようになっていきました。現場で新たな美しさやかわいらしさを発見し、予定を変更することもありました。そして、そういう「気づき」や「発見」がとても大切であることが分かったのです。

この本では、それらの「気づき」や「発見」をまとめました。ですが、これも一つの見方であり、絶対的なセオリーではないのです。大切なのは「パターンに陥らないこと」。僕たちの仕事において、準備やシミュレーションはもちろん大事。しかし、それが最終形ではありません。現場で「あ、こっちのほうがかわいい！」と直感的に判断できる感覚を、常に研ぎ澄ませておくことも必要なのです。この本の目的は「見えなかったものが、見えてくる」手助けになること。「見える目」ができると、発想力が変わります。その目が、ヘアメイクをもっと自由で、クリエイティブなものにしていきます。

森川丈二（もりかわ・じょうじ）／長崎県出身、山野美容専門学校卒。1988年、㈱資生堂に入社。「MASA」のメンバーとして、コレクション、雑誌、広告、ヘアショー、セミナーなどの多岐に渡る活動を、国内外で担当。1996年、最年少でJHAグランプリ受賞。他、準グランプリ2回・最優秀ロンドン賞2回など数々の受賞歴を持つ。2006年4月、原宿に『gem（ジェム）』をオープン。ナチュラルからクリエイティブまで比類なきクリエーション力を発揮し、国内外の幅広い分野で活躍中。

Massage from

George Morikawa

森川丈二

MASSAGE

Massage from
Yukie Shigemi
重見 幸江

ヘアメイクを目指して上京し、実際にヘアメイクになれた頃の自分を思い出すと…大好きなことが仕事になった喜びと、ただただ「上手くなりたい！」と思い練習を重ねる日々でした。しかし、キャリアを積んで行く中で自分のメイクに対する考え方が大きく変化したのが、国内外のコレクションを担当するようになった頃です。先輩達と同じ商品を使っているのにステージ上では、色や質感、メリハリが違って見える… なぜだろう？ 何が違うんだろう？ そこで初めて、わずかなディテールの違いを明確に気づくことができました。また、肌色の違うたくさんのモデルさんが「私の顔にはこの色を、こう使うといいのよっ！」と入れてくれた一筆。本当に目から鱗でした。その頃から、もっとこうしたい！ その為にはどうすれば良いのか？ 一筆、1ミリの違いを感じられるようになってから、表現を深く探求できるようになったと思います。

この本はそういった「様々な気づき」や「一筆、1ミリの違い」をたくさん見比べられる構成になっています。でも誤解しないでほしいのは、「間違い探し」ではない、ということ。ヘアメイクに「やってはいけない」はありません。ただし「完成度」はあります。完成度を上げるためには加えるだけでなく、引くべきものが存在します。すべての完成度を上げようとMAXな表現をすることで、それぞれの良さを打ち消してしまうこともあるのです。その足し引きのバランスを考えられるようになるために、ほんの僅かな差が及ぼす効果や影響を知る必要があります。

「抜け感が大切」とよく言われますが、「抜け感」は時代によって変わります。肌の透明感、リップのシアー感…など、その時々の時代によって求められる質感は変化します。どうすれば今の気分を感じる「心地よい抜け感」にできるのかが重要です。

そういった足し引きの感覚を養うために、ぜひ一度「最大限までダイナミックに加えたもの」と「最小限まで引いたもの」の両極に挑戦してみてください。振り幅を知ることで、時代の移り変わりに対応できるようになります。もし「行き過ぎた！」と思ったら、勇気を出して元に戻せばいいのです。メイクは何度でもやり直しが効くのですから。ヘアメイクにおけるマックスとミニマムを体感し、「一筆、1ミリ」で劇的に変わる、メイクの醍醐味を知る。そうすればメイクの可能性、メイクのおもしろさは、さらに大きく広がっていくはずです。

重見幸江（しげみ・ゆきえ）／福岡県出身、資生堂美容技術専門学校卒。1988年、㈱資生堂に入社。「MASA」のメンバーとしてコレクションや撮影、セミナーなどの他、数多くのメーキャップ商品のカラークリエーションを担当。その他「メーキャップの理論」等のソフト開発にも携わる。1999年、JHA優秀新人賞を受賞。2004年、フリーランスとして独立。2006年4月より『gem』の主宰として、雑誌・広告・TVCF・などの第一線で活躍中。多くの女優、タレント、モデルから絶大な信頼を得ている。

メイクとヘアの印象学
メイクの「見かた」「捉えかた」を解き明かす

All Hair & Make-Up & Explanation

森川丈二　George Morikawa (gem)
重見幸江　Yukie Shigemi (gem)

Costume Stylist

田中雅美　Masami Tanaka

Art Director

つちやかおり　Kaori Tsuchiya

Cover Illust

黒田 潔　Kiyoshi Kuroda

Photographer

板橋和裕　Kazuhiro Itabashi (Shinbiyo Shuppan)

Editor

佐久間豊美　Toyomi Sakuma (Shinbiyo Shuppan)

P008　ベアトップ、ショートパンツ／ともにカメオ（ザ・ウォール ショールーム）
　　　ネックレス／ガリャルダガランテ（ガリャルダガランテ 表参道店）
P009　つけ襟／ワンダークラッド エトセトラ（エディット フォー ルル 青山店）
　　　コンビネゾン／カメオ（ザ・ウォール ショールーム）
P012　パンツ／ファド スリー
P013　ドレス／ブリスマン
P112～119　トップ／ガリャルダガランテ（ガリャルダガランテ 表参道店）

エディット フォー ルル 青山店　☎03-5772-3266　http://editforlulu.jp/sp/
ガリャルダガランテ 表参道店　東京都渋谷区神宮前5-2-2第二21SYビル1F・2F　☎03-5766-1855
ザ・ウォール ショールーム　☎03-5774-4001　http://thewaal.co.jp
ブリスマン　☎03-6228-1048　http://blissman.jp/

定価（本体3,800円＋税）検印省略
2015年9月16日（第一刷発行）

著　者　森川丈二、重見幸江（gem）

発行者　長尾明美
発行所　新美容出版株式会社
　　　　〒106-0031 東京都港区西麻布1-11-12
　　　　書籍編集部　TEL：03-5770-7021
　　　　販　売　部　TEL：03-5770-1201　FAX：03-5770-1228
　　　　http://www.shinbiyo.com

振替　00170-1-50321
印刷・製本　凸版印刷株式会社
©gem & SHINBIYO SHUPPAN Co.,Ltd.

Printed in Japan 2015
この本に関するご意見、ご感想、また単行本全般に対するご要望などを、
下記のメールアドレスでも受け付けております。
post9@shinbiyo.co.jp